青年入陣

慕哲人社
——
企劃

楊盛安 余思賢 宋致誠
巫彥德 郭姵辰 許家綺
盧沛丞 魏琬玲 林淑靜
——
著

十二位政治工作者群像錄

主流出版

目錄

專訪

謝詞

推薦序

請加入「堆石頭」改變社會的行列

行政院文化部部長

鄭麗君

我很喜歡法國已故總統密特朗所說的一個小故事：「將一塊石頭放在另一塊石頭上面，一塊接一塊，這對我來說是有意義的。一位異鄉人問工匠：『你們在做甚麼？』工匠回答：『我們在堆石頭。』接著在稍遠處，他又問另一位工匠同樣的問題，對方回答：『我們在蓋一座大教堂。』」

這就是差異，根植於信念與願景的差異。政治工作者的「政治日常」看似差不多，但出發點不同，結果也將不同。從政者如果心中懷有民主的想像，透過公共思辨形塑理想藍圖，並能以終為始，每一塊石頭將會堆得不一樣，最終能夠引領社會蓋起一座承載理想的大教堂。

政治理想有可能嗎？著名的德國社會學家馬克斯韋伯另有一個經典比喻，他說，世界運行的方向或許經常由物質或精神上的利益所決定，但由「理念」創造出的「世界圖像」，猶如軌道的轉轍器，可以決定軌道的方向。我認為，從政者不應只是上車下車，而是可以透過治理方式的革新，扮演轉轍手（switchman），導引國家往理想的方向前去。

文化在生活裡傳承與創造，卻是國家的根本，需要百年大計。一如我擔任文化部長時的初衷，文化部的使命不在於「治理文化」，而在於「文化治理」，希望能將文化視野帶入政府體制，融入國家發展的思維。因此，我們的工作就是在打造一個有利於文化長期發展的政策架構，支持文化公民權自由、多元且平等的實踐，讓文化成為改變的力量，改變心靈、改變生活、改變社會，也改變政治。

我也同時深刻體認，政治必須被改變，包括政府整體的體制運作、政策思維、計畫制定及預算編列模式，乃至於政治文化都需要不一樣的「文化治理」才有長遠的可能。唯有追求一個能夠實踐理想與價值的政府體制（無論誰在體制的任何一個位子上，都能真正「做事」），也才能真正為人民帶來改變，帶來新未來。

我一直相信，青年之於社會最大的資產，便在於能夠為時代帶來「改變」的無窮可能；《青年入陣——十二位政治工作者群像錄》一書中，記錄的正是青年政治工作者在體制內試圖改變的故事。本書記錄他們的政治路徑，在工作場域中理想與現實的拉扯，對於了解青年從政心路歷程有極高的參考價值。如同書中提及，「體制內的政治實踐就像拔河，每次角力都是一個階段，串成漸進改變的過程。這個過程也讓從政者更細緻反思自身價值與政治價值的內涵，而非處在新、舊政治的絕對對立當中。」

作為一位曾在街頭倡議、參與智庫、兩度入閣及擔任立委的政治工作者，我歷經三度政黨輪替，深刻體認政治的變與不變，只要心中懷抱理想，總還是有在體制內突圍的機會。我希望以此期許從政的年輕人「逆風而行」，不要只是搭順風車，經歷心志磨練後，終將成長成不一樣的政治實踐者。

誠摯邀請您加入青年世代「改變社會」的行列，只要起身而行，一定會有可以奮戰的位置，讓我們一起為深化臺灣的民主盡一份心力！◆

推薦序

你是誰？

財團法人中央廣播電臺副總臺長
李重志

坦白講，我不知道你為什麼要看這本書？你是青年嗎？還是對政治事務有興趣？還是對我們的家園，臺灣，有著無法遏止的關懷？

我不清楚讀者，你，的面貌，但作為一個傳播工作者，我卻看過不少政治行為、政治手段、政治人物與政治節操。沒有最壞，只有更壞；沒有最好，也絕對有更好。冷與熱、惡與善、暴烈與慈愛、崩壞與救贖，這裡不是個隨時可以砍掉重練的online手遊，而是你受其擺弄的真實生活。不論你是誰、想做些什麼、想在這本書看到什麼，我想，韋伯（Max Weber）一九一九年在慕尼黑大學做了一場演講〈政治作為一種志業〉，裡面的最後一段，是可以寫在這本書的前面提醒你的：

> 政治，是一種並施熱情和判斷力，去出勁而緩慢地穿透硬木板的工作。說來不錯，一切歷史經驗也證明了，若非再接再厲地追求在這世界上不可能的事，可能的事也無法達成。但要做到這一點，一個人必須是一個領袖，同時除了是領袖之外，更必須是平常意義下所謂的英雄。
>
> 即使這兩者都稱不上的人，也仍然必須強迫自己的心腸堅韌，使自己能泰然面對一切希望的破滅；這一點，在此刻就必須做到——不然的話，連在今天有可能的事，都沒有機會去完成。誰有自信，能夠面對這個從本身觀點來看，愚蠢、庸俗到了不值得自己獻身的地步的世界，而仍屹立不潰，誰能面對這個局面說：「即使如此，沒關係！」誰才有以政治為志業的「使命與召喚」。

這本書，《青年入陣——十二位政治工作者群像錄》是懷抱著淑世熱情的楊盛安，召集了一群懷抱著同樣良善願望的青年，採訪太陽花事件前後幾年間迅速竄起的政治工作者，記錄他們此時從政的經驗與態度。序言裡無法一一介紹這些政治人物，但不論是青澀還是成熟、甚至已經開始腐壞，這十二位政治人物，不論是里長還是閣員，都或多或少地影響這塊土地，形塑了臺灣的面貌。是以，你，親愛的讀者，我想提醒您，與其因為這本書的記錄而相信他們，不如把這本書裡面的陳述，當作從此刻開始以迄未來檢證他們的證辭。更重要的是，我想提醒您，當你產生懷疑、對政治人物產生不信任的時候，也不需要詛咒政治、鄙夷政治；反而，我要恭喜你：是你仍保有著良善的初心、清醒的眼光，所以才能看透這一切魔障。在那一刻，你就是這本書所要揭露的青年從政的價值。

我仍不清楚你是誰，但「保有初心者，青年；使人幸福者，政治」，我盼望你就是那位，可以實現亞里斯多德所說的、「在一切善行中，最高善就是政治」的理想的那個人。◆

推薦序

政治：作為一種志業?!

國立中興大學景觀與遊憩碩士學程副教授
董建宏

「我們可以說，就政治家而言，有三種性質是絕對重要的：熱情、責任感、判斷力。所謂熱情，我指的是『切事』的熱情、一種對一件『踏實的理想』的熱情獻身、對掌管這理想的善神或魔神的熱情歸依。政治家不在於熱情本身，而是要在用熱情來追求某一項「踏實的理想」之同時，引對這個目標的責任為自己行為的最終指標。這就需要政治家具備最重要的心理特質：

判斷力。政治要不淪為輕浮的理知遊戲，而是一種真實的人性活動，對政治的獻身就必須起自熱情、養於熱情。但是熱情的政治家的特色，正在於其精神的強韌自制；使政治家和只是陶醉於『沒有結果的亢奮』中的政治玩票人物有別的，也正是這種堅毅的自我克制。要想臻於這種境界，唯一的途徑，便是養成習慣，保持一切意義下的距離。政治『人格』的「強韌」，首要便在於擁有這些性質。」

——韋伯，慕尼黑大學演講〈政治作為一種志業〉

在當代的社會，特別是儒教的社會，往往將政治污名化，讓參與政治似乎成為一種「骯髒的工作」（dirty job）。於是乎，我們的社會，一方面貶抑從事政治工作的人，認為他們多半是「無恥的政客」。但是，儒教的文化，又讓我們期待出現優秀的人才參與並執行政治事務，渴望「聖人政治」（hagiarchy）。這種矛盾的心態，再加上在黨國意識型態教育下，建構了臺灣過去的社會的困境其實是「主上英明、臣下無能」的結果，而使得威權侍從體系得以不斷的壟斷臺灣地方派系的結構也得以不停的左右臺灣的政治改革與民主發展的機會。而許多優秀的人才更在政治被污名化的既有觀念下，拒絕成為改革的動力。但是，也正因為這樣惡劣的結構與環境，讓青年從政與實踐社會改革，最終還是成為臺灣社會重要的民主改革基礎。因為，隨著現代性不斷的在臺灣逐步建立，青年對於社會與公共事務的關注，以及個人理性的高舉，建構了挑戰威權封建的基礎。

事實上，在臺灣的歷史發展過程中，青年世代一直都是臺灣進步的動力。從日治時代的文化協會的組成、臺灣民眾黨的組成，到二戰後，反抗國民政府威權統治的黨外時代、美麗島事件與律師世代的興起、八〇年代社運的狂飆與野百合學運的出現，在到野草莓與太陽花學運，這些不同世代的青年，在臺灣快速的引進現代資本主義的社會經濟結構下，現代性的啟蒙，讓他們積極參與政治而改變了臺灣的命運。但是，卻也在社會的變遷與政治結構的現實下，被後繼的世代給挑戰與批判。當這樣的歷史不斷的重覆上演時，我們不得不去質問：投身政治、參與政治，到底是如同韋伯所言是企圖將之作為一種「志業」嗎？也因此，我們必須清楚的去認識到政治的本質，以及公共事務的複雜度，跟當代社會的多元性，以「責任政治」的態度，去從事公共事務與政治。抑或，我們僅僅將政治也開始視為是當代社會多元體系中的一部分，是一種「產業」，其中，有著產業的培訓與工作內容，而世俗的面對民意的流動，調整自己的「工作」內容來回應「人民的意志」，才是真正的政治？

本書是盛安璧劃已久的一個重要計畫，也是一項重要的紀錄。透過這樣的紀錄，讓我們有機會看到這些投身政治的青年工作者，他們對於政治一事的看法，以及他們自身的經驗的呈現。

這其實是臺灣社會很重要的一項工作。因為，我們必須要能夠記錄下，一代又一代的政治工作者，他們在不同階段的思考與體驗，並藉此與臺灣政治結構的轉變，與社會、經濟體系的變遷，一起進行深入的分析與探索，才能有機會去思考，到底臺灣的政治，發生的怎樣的變化？臺灣的社會與經濟體系，又提供怎樣的環境與資源，讓新世代去思索要如何投入政治？以及投入的目的為何？

正如同書中的每一個受訪者提到，會投身政治工作，其實背後，都有一個觸動他們的熱情與改變的事件或議題。但是，為了要解決這個或那個問題，他們最終也就發現，臺灣的國家體制與社會經濟結構，才是問題的根源。也就因此讓他們理解到，如果不投身政治領域，又如何可以改變當前的困境？難題在於，改變，從來就不是一件簡單的事情，更不是少數人的力量可以扭轉的。因此，面對體制這個巨大的怪獸，青年從政者，如何透過不同方式與各種力量的結盟，才有機會去馴服這個怪獸，進而對其進行改變，而不是自己被怪獸同化了，也就成為許多青年政治工作者的重大挑戰了！

參與決策、執政與社會正義一直是知識分子在進行政治實踐時最大的難題。尤其在臺灣社會，摻雜著中國傳統士大夫的教條、當代西方知識菁英的社會信念以及臺灣社會歷久不衰的選舉邏輯，一個意欲以政治為職業的知識分子，便必須從這樣一個糾纏重疊的困境中找尋到自己的一條出路。而這正是對知識菁英（尤其是左翼知識分子）最大的考驗。誠如一開始在文章的開頭，引述了韋伯在「政治作為一種志業」一文中，提到政治人物的三個特質：熱情、責任感與判斷力。在這個民粹當道的年代，投身政治者，更應該要關切這三個特質，是否存在於自身。而我們，或許則更應該關切，我們的社會，是否願意支持去建構一個理性合理的結構與政治體制，讓這些投入政治的青年工作者，可以堅持著他們的理想，持續服務國家社會。

本書的出現，不但記錄了臺灣當代的政治工作者的圖像，以及他們獻身政治的心路歷程。其實，更記錄了臺灣的社會經濟結構的轉變，與政治體制的改革。期待透過這樣一本有意義的人物誌的出版，我們重新省思臺灣政治的結構，共同來參與政治、改變政治，讓一個合理的國家體制，與公義的社會，最終可以在臺灣誕生。◆

推薦序

為光作見證，照光世間人

醫師、TEDxTAIPEI受邀講者、長年用各種形式推廣閱讀
楊斯棓

多年前在慈林教育基金會相識的老友盛安，請我推薦介紹十二位青年政治工作者的養成之路合輯，這些內容，正是沉痾臺灣最需要的解方。

此書勾起我的塵封回憶，一九九三年，月旦出版社出了一本《臺灣政壇明日之星》，介紹了蘇貞昌、蔡式淵、高植澎等人的崛起。透過該書，我得知屏東鄉親簇擁著會說七國語言的耆老

邱連輝，隨著他演講結束而離去時，初出茅廬，接著邱前輩演說的蘇貞昌，面對只剩下四位觀眾的唏噓舞臺，如何抖擻精神，堅持自己鬥志到投票前一刻。沒有該書紀錄，實難想像蘇貞昌在政壇上從零到一的坎坷之路。

這正是今年盛安奔走編纂最大的價值：揭櫫這些政治新星跨入政壇的起點，沒人沒錢沒後援，有血有汗有SOP。

臺灣大選投票率往往在七成上下，將近三成的人不投票，再加上投票者蓋廢票的比率，幾乎三分之一的選民在歷屆大選中，都不願意把一份對於公共事務的信任託付給任何一個候選人。

這代表什麼，這不是失望，失望是我上次投呂國華我失望，我這次投林聰賢，失望是我上次投柯文哲我失望，我這次投姚文智。

不投票代表絕望。一個島若絕望如霧霾般籠罩，怎會有一朝清朗。

太陽花後的臺灣土壤，孵出許多新芽。過往國民黨長於組織票，民進黨長於理念票，而理念票難恃，組織票易持，所以有些政治人物會迷失，於是乎有些民進黨地方型政治人物，走上國民黨樁腳政治的老路，逐漸放棄理念，但理念型選民並未因此消失，甚至年輕選民也多屬理念型選民，所以小黨自有其空間，陸續崛起的綠黨、基進黨、社民黨、時代力量、（真正的）無黨籍候選人，都愈來愈有機會靠著宣揚理念、實踐理想脫穎而出。

書中薛呈懿、陳紀衡的故事非常精彩。今年幾位來我診所拜訪我的少壯輩政治人物，我都請他們要跟薛、陳二人請益，甚至進行全島型的無黨、小黨大串聯，互相分享從政經驗。

薛呈懿選上議員後，問政表現頗獲肯定，我本來看好她連任幾屆議員之後繼續向上層樓，誰知道她今年就直接參選羅東鎮長。書中剛好也提及宜蘭在地人也勸她再當一屆議員也不遲，薛呈懿回答：「我本來就不是為了好選才參選的。」

說得真好，其實薛呈懿前一次問鼎縣議員何嘗「不是為了好選才參選」，雖然當時學運光芒乍看似乎庇佑新生代候選人，但前鎮、小港選區優秀的陳信諭以一萬多票鎩羽而歸（再六千票就當選了），新竹香山區的黃彥儒，得票是超過最後一位當選者的，因為對方有婦女保障名額使得黃君不幸敗北，真是贏了選票，輸了性別。

陳紀衡更是以素人之姿，第一次就挑戰鎮長選舉而且成功，新對舊，囝也對大舅，竟然對方擱大輸。陳紀衡分享了怎麼跨過決定參選的內心關卡、怎麼運用有限資源在關鍵處克敵？地方頭人拒訪怎麼走下一步？這些正是我文章落筆之初提到的：「有血有汗有SOP」。

一個薛呈懿、一個陳紀衡、一個洪慈庸都是一盞一盞的星燈，愈多這樣的星燈守護著臺灣，愈能照亮民主之島。◆

書序

青年入陣的反思

社團法人慕哲人社理事長、東吳大學社會工作學系兼任助理教授
余思賢

本書是慕哲人社聚集多位關心政治的年輕人合力之作，呈現十二名年輕參政者的從政軌跡，經過五個月的討論、激辯、資料蒐集、採訪、撰寫，成為現在讀者面前的樣貌。

為什麼要出版這本書？

臺灣政治環境由政黨競爭所構成，但大多數關心政治的青年人，不但對兩大黨有所不滿，也對檯面上大大小小的本土政黨有不同程度的失望。許多人民企盼一個新的政治生態，但即使臺灣人自解嚴之後可以透過選舉等各種管道進入體制，對一般人來說，參政主觀上仍有很高的心理門檻，其中一個重要原因是：有志從政的素人沒有太多管道去理解政治生態。

醬缸文化之所以陳腐，是因為無法灌注活水；因此，如何讓更多年輕人願意參政以實現政治理想，就是很重要的問題。

本書的催生者楊盛安，當初來找我談計畫時，就是懷著這項動機。盛安是慕哲人社的創社會員之一，一直都在體制內、外不遺餘力地參與臺灣政治。然而，盛安從親身經驗看到許多政治的複雜、角力，劣幣驅逐良幣的感受，成為他下決心出版本書的源由。

雖然後來許多陸續參與寫書計畫的夥伴各有動機，但整個大方向是確定的：從個案呈現從政軌跡，讓讀者知曉青年參政有哪些路可以走？參政該有什麼心理準備？這邊也感謝主流出版社鄭超睿社長在編輯會議上提供具體的建議：「坊間有很多工具書告訴我們各種職業的知識，例如：會計師要怎麼做、建築師要怎麼準備，但就是『沒有一本書告訴想有志從政的人要準備什麼』。」

於是，這本書就這麼定調，即使「無法」成為「有系統」的「從政工具書」，但至少拋磚引玉。而選擇「青年參政軌跡」作為本書的案例，主要是因為它符合現在的時空背景。

青年入陣的反思

二〇一四年是臺灣政治改變的關鍵一年。那年爆發震驚全國的「三一八佔領運動」，後來掀起一股青年參政的浪潮。但當臺灣各政黨將「青年入陣」當作新聞操作，以圖美化政黨的形象，社會大眾也有不少人鼓勵「青年入陣」，事後造成當事人的錯誤期待與折損熱情。

政治工作不只需要熱情理想，還需要實踐的毅力、專業與智慧，這些都是極其重要的政治素養。年輕人並非沒有能力，但是需要時間將自己的能力與陌生的政治環境接軌，才有可能成為專業政治工作者。

本書希望讓「政治回歸專業」，並回頭探索青年政治工作者的養成歷程；不美化每一位青年政治工作者，盡可能還原一個人立體的樣貌，邀請讀者一起思考：在什麼樣的條件下，青年入陣才真正有助於帶來新的民主政治？

本書的採訪對象皆於四十歲前進入政府體制，更不乏正值廿幾歲的年輕人才，分別任職於總統府、行政院、縣市政府局處首長與主管、鄉鎮市公所、中央級民意代表、地方級民意代表、基層里長以及政府設立法人組織主管。我們詳實記錄每一位從「反抗體制」到「思考治理」的歷程，希冀提供讀者反思臺灣該如何具體實踐新一代的民主政治。

就案例而言，本書提及的參政軌跡有不同屬性：

第一、直接參與政黨政治。例如：楊懿珊、張惇涵、高閔琳、陳光軒、林鶴明等五人。這些人大部分是早年受到體制內政治人物的啟發或引薦，再透過政黨政治的歷練而獨當一面。

第二、深度參與社會運動或學生運動，獲得青年素人參政的機會。例如：姚量議、陳紀衡、薛呈懿、詹晉鑒、洪慈庸、高潞・以用・巴魕剌等六人。這些人吸收了較多近年臺灣社會運動的價值觀，例如環保、人權、性別平等、社區意識等，但因所處的體制內位置不同而形成各自的獨特風格。

第三、政府因應新世代的變遷，希望讓原有行政體系與新世界（如網路世界）接軌，而招募青年專業人才入府。唐鳳即是案例之一。

因為懷抱新政治理念進入體制，許多案例都會經歷到新舊政治的夾擠，而每人因應的方式都很值得玩味，我認為這是本書最可看的重點之一。畢竟體制內的政治實踐就像拔河，每一次的角力是一個階段，串成漸進改變的過程。這個過程也讓參政者更細緻反思自身價值與舊政治價值的內涵，而非處在新舊政治的絕對對立當中。

新舊政治的交錯

幾乎本書所有的參政者都會提及「改變舊政治結構」的企圖，這個舊政治結構宰制了選舉文化、關說、官僚結構等內容，而多篇文章也提及了他們企圖鬆動這些結構的方向與策略，這是本書第二個可看點。其中，唐鳳是最特殊的案例，其核心理念是無政府主義，卻企圖在政府體制內實踐，這是一個打破臺灣政治甚至多數社會運動預設的思維、一個「去菁英化」的政治願景，這讓我們對新政治的想像更為寬廣。

另外應在此一提的是，在執行這項撰寫計畫時，柯文哲旋風快速地展開，有另一股青年參政的形式在臺北市政府當中發酵，但我們這一次來不及將這些參政案例囊括在本書之中，有志者若能接力補足這些參政經驗，當可更清楚地呈現目前青年參政的現象以仰望未來。

本書寫作群多為年輕的體制外工作者，力圖從每一個個案當中呈現青年參政生態一隅，讓讀者能藉此想像與連結彼此的歷史脈絡，進一步思考共同的政治願景。寫作群也許火候不足，不如資深人物報導工作者，文章結構、語句精準、批判力度也可能被專業者挑戰；可是，就如同任何一項改變社會的行動，不論行動者或行動本身從不完美，只求不斷地拋磚引玉，激發更多的熱情關心臺灣的未來。

若您興起從政的念頭，可以閱讀本書，檢視自己是否準備充足。

對於從政毫無興致，仍不忘關心臺灣政治，本書收錄的十二位青年政治工作者，他們展現的政治素養、人格特質、理念見解，相信有可學習的內涵。◆

引言

當代的青年政治工作者

本書催生者、宜蘭大學建築與永續規劃研究所研究生

楊盛安

「年輕人的新寵物，Crazy Friday，我林義豐說得到、做得到。」二〇一八上半年的地方選舉選情冷清時，這句話成功占據媒體與網路的各大版面，打響參選人的知名度。林義豐競選辦公室編列大筆預算舉辦大型派對吸引社會目光，想以「不藍不綠」的素人姿態吸引選票。

我們的社會大眾看待青年從事政治工作，也會浮現類似的迷思，認為青年從政等同改變社會，

成為推動國家進步的「新力量」，社會大眾對待他們，彷彿當作「寵物」般。

十幾年來，許多政治前輩與老一輩臺灣人看見新生代的政治工作者，常用「臺灣要靠你們」的話語掛在嘴邊，更不吝給予諸多勉勵、資源以及寵愛，把臺灣前途的未來寄託給每一位新生代。近幾年，青年參政的風潮再次席捲臺灣，社會大眾與上一代的臺灣人仍然抱持相同的情緒與態度，面對青年政治工作者，此現象源自於臺灣人感受到中國霸權的威脅利誘，黨國守舊勢力、黑金派系政治的集結反撲，強力阻礙臺灣人追求獨立自主的決心，他們將心理產生的不安與焦慮，大量投射給青年政治工作者。

回顧過往臺灣民主運動的歷史，每個時代皆誕生一批的青年政治工作者，因此，現代的他們只是換了臉孔的新生代，而不是「新寵物」。社會大眾在珍才與惜情之餘，更要理性衡量青年政治工作者的專業表現，務實看待成長，才是較為健康的心態。政治工作高度複雜之餘，青年政治工作者如何兼顧理念與實務，並展解決事情的能力與抗壓力，比較年紀反而不是那麼重要。

現代的網路社群種類多元、內容豐富，部分的青年政治工作者樂於形塑網路紅人與討拍文化，這是違背政治運作的認識，網路聲量占有高比例的虛擬性，不能作為擬定政策的方向，以及計算選票的依據。政黨與政治人物的支持基礎都是人民，人民生活在各個角落，勤走地方、認識人事物，才能理解民之所欲，將民意轉化為實力。大部分的青年是主動投入政治工作，準備協助處理國家政策、體制改革以及人民呈交不公不義的案件，擔任權力要職或是擔任參選人更是要有此體認。若是政治工作者時常發布討拍文與影片，對外尋求肯定與慰藉，代表心理素質有待提升，或是錯誤解讀政治事務的本質，不足以作為成熟的政治人物。

四年一次的地方選舉，舉凡村（里）長、鄉（鎮、市）民代表、非直轄市縣議員、直轄市市議員、鄉（鎮、市）長、縣市首長，全面定期改選。一般而言，非中央層級的選舉，對於青年政治工作者有較高的勝選把握。依據現行法定參選規範，有志投入選舉的青年，要考慮參選保證金、薪俸制度等條件；另外，爭取黨內初選的出線，各自有不同程度的難度。從青年政治工作者的首次參選的現狀得知，大部分直接挑戰地方層級的代議士以及中央層級的代議士，少數選擇投入村（里）長、鄉（鎮、市）民代表、鄉（鎮、市）長。我認為，後者的職務攸關基層組織、草根服務以及區域發展，牽動臺灣民主深化的布局與時程。

如果青年的志向是進入政治圈，但不是成為檯面上的政治人物，舉凡加入政黨、政治團體成為專員、幕僚、研究員，以及擔任民意代表的助理、幕僚，進入公部門擔任政務官、秘書、專門委員等職務或是政府投資事業、單位要職，以上都是政治工作囊括的範圍。

青年政治工作者從生澀邁向成熟經歷磨難的積累，必定接受各方學習與訓練。臺灣當前的工作環境、社會氛圍、國家制度等因素，對他們產生哪些機會與挑戰，以下內文分別敘述說明。

工作環境的獨特性

一般大眾對政治工作的刻板印象不外乎：事務複雜、高工作時數、緊湊的步調、不穩定性以及假日停休等。多數的政治工作者，必須通盤考量老闆與團體的立場，全然放下自我的定位，而愈接近決策核心者愈趨明顯；若是檯面人物，更是犧牲私人生活自由以及家庭生活。多數政治工作者無法依照上班族朝九晚五的固定模式，但通常也會保有一些彈性。

由於政治圈欠缺完整的升遷制度辦法，獎懲並無客觀標準，多仰賴人為治理及個人判斷，尤以組織規模較小的政治部門至為明顯。生存於民進黨與國民黨的青年政治工作者，若都不符合政治世家後代、派系支持、完整學經歷、俊俏與亮麗外型之任一條件，不容易受政黨栽培與拔擢。絕大多數的從政青年位於基層，若遭遇不公平的對待，如何保障自身權益是一道不容易的課題。

從政青年的未來前景落在老闆或組織，責任政治與選舉任期制是民主運作的常態，社會輿論與投票結果更是政務能否持續的關鍵因素，個人的人際關係也會影響後續的政治安排。總體而言，能力與運氣缺一不可。曾聽過不少政界人士直言，從政青年若有社會資本，進入政治圈較無後顧之憂，較能抗拒權勢與金錢的誘惑。部分特定職務具機密性與敏感，例如：隨行助理、發言人、媒體聯絡人、專業幕僚等，不會在民間人力銀行公開徵才，而是透過人際網絡挖角，符合專業、信任、配合度高的專才。許多志在政治圈的青年，在學期間熱衷參與講座、論壇、營隊、社會運動、政黨活動、以及各類型政治部門所舉辦的活動，並想盡辦法接近政界人士，這都是常見的途徑。社會環境瞬息萬變，配合 e 化時代與視覺傳達的普及應用，政治實務的人才缺口，讓從政青年的背景不只侷限畢業自政治學、社會學、法律學、公共行政等社會科學領域。許多具備網路科技、資訊工程、社群經營、動畫與平面設計等長才的青年，都很有機會被延攬到政治部門服務。

溝通是政治工作的日常事務，內部與外部需要各方配合，為減少溝通成本並提高執行的機會，必須考量適合出面的人物、處理時機點、溝通技巧以及完整策略與說帖等。以處理危機為例，該事務的困難度與複雜度較高，同時也需兼顧回應的效率。另一方面：數位化、低成本、高效率是網路時代的特性，許多各行各業的青年成為新興意見領袖與網路紅人，關心政治事務不單是政治工作者、NGO 工作者、社會運動者、學者以及學生，徹底顛覆極權統治的一言堂體制，他們選擇進入體制之後，職權可能超越過去挑戰的對象。青年政治工作者服務於行政部門，除了廣納民間意見，更要懂得與公務員合作互動，才有能耐帶領行政體系推展改革事務；擔任民意代表的青年政治工作者，確立政策議題的攻防戰略，兼顧選民服務的品質，以上都是嚴峻的挑戰。

淹沒的政治口號

近幾年來，「新政治」是臺灣政壇的新生政黨與政治勢力熱衷引用的名詞，行銷有顯著的傳播效果。令人好奇的是，政治真有新、舊之分嗎？若有，如何定義新政治與舊政治？誰足以標榜新政治？在這樣的時空環境下，誰又會願意承認自己是舊政治的代表呢？

從解除戒嚴開始，臺灣民主政治已施行三十一年，運作過程確有許多尚待改革與反省的空間。諸如：行政體系官僚化、酬庸人事派任、政黨惡鬥、派系政治、黑箱不透明、違反程序正義、民意代表怠忽職守等令人詬病的問題。自詡進步價值的白色力量代表人物柯文哲，以及主要新生政黨時代力量，他們的政治判斷與行動，凡事是否遵循自己承諾的理念，經常成為社會大眾評論與監督的焦點。

而今，臺灣各黨各派皆推派青年參選，若是開口閉口都是新政治、新時代、新希望、新未來、世代正義、素人政治、藍綠一樣爛、不藍不綠、公開透明、網路直播等等，以空洞口號替代務實政策，反而會凸顯候選人的不適任。新政治的概念不應只有對舊政治的批判，還要提出具體的願景與實現的途徑；新政治背後的實質內涵，需要透過時事辯證與長時間的考驗。青年候選人從強化個人專業、解決問題的能力、對選區的熟悉程度著手，未來才能展現成熟任事的風範。

青年政治工作者加入政黨或政治勢力之前，一則理性評估，想清楚人民的需求，以及自己投入公眾事務的能耐所在；二則情感依歸，想清楚該陣營的核心價值，以及自己能否適應其政治文化；確認以上兩項功課，「年輕」才有機會成為個人加分的條件。各黨、各派彼此競爭之外的難得共識：選舉前呼籲給新人機會、給年輕人機會，運用現在的流行術語，如此政治正確的風潮，充斥於街頭看板、實體文宣品、網路平臺等，爭相迎合青年族群的口味；不忘鼓勵他們回到戶籍地投票。

國家制度面

國家制度亦是影響青年投身政治工作的因素，這些因素包括：選舉保證金、公費選舉、議員薪俸、上任前訓練制度。

一、選舉保證金：

立法委員與直轄市議員為廿萬、縣（市）議員為十二萬元、鄉（鎮、市）長為十二萬元、鄉（鎮、市）民代表為五萬元、村（里）長為五萬元。退還保證金的標準不盡相同，囿於篇幅，不在此詳述。如果沒有達到法定票數，還會沒收保證金；國家本應鼓勵人民參選公職，現行法律沒收保證金，等同懲罰弱勢參選者。又，若達到法定票數，每票拿到三十元的競選經費補助款，法規設計對於所有參選者並非一律平等。許多青年世代是窮忙族，離開校園可能已背負幾十萬元的就學貸款，每月支出的租屋費用、保險費、孝親費、日常必要開支等等，累積個人資產是不容易的事情。選舉保證金對於有志投身公職選舉的青年，顯然是一項沉重的負擔。

二、**公費選舉：**

第三社會黨於二〇〇七年即在倡議公費選舉，設立公費選舉基金、增加公共資源（頻道、版面、公報……）補助候選人、建立公費選舉制度（接受公費選舉者可以更多的基金補助，但也接受更多的宣傳限制）、取消每票三十元之選後選票補助款，降低政黨補助門檻、增加以連署方式代替保證金的制度。有學者提出該制度有助於促進政黨競爭機會平等、防止私人資本侵害民主、提升選舉文化。目前最有權力推動公費選舉的是立法院的民進黨與國民黨，以目前的進度來看，還需要加把勁才能實現。此制度設計讓公職選舉不會淪為「經費競賽」，街道不會成為候選人廣告天堂，讓選舉回歸候選人、政策理念、執行力等面向，對於新人與青年參政者更為友善。

三、**議員薪俸：**

地方政府分為直轄市與非直轄市，轄下議員收入不同，諸如：直轄市議員與非直轄市議員研究費分別為十二萬二千元與七萬三千元；為民服務費為二萬元與九千元；出國考察為十五萬元與十萬元；出席費為二千四百五十元；春節慰勞金為一點五個月；可見研究費、為民服務費、出國考察以及春節慰勞金有不同額度的落差。臺灣城鄉差距是不爭的事實，優秀青年大部分會流動至臺北市、新北市、桃園市、臺中市等大都會，議員職責皆為監督地方政府與服務選民，本薪俸設計恐有同工不同酬的疑慮。因此，降低青年投入於非直轄市議員選舉，或是返鄉服務的意願，造成該地區議員難以年輕化的現象，違背世代交替的常理。

四、上任前的訓練制度：

臺灣的軍公教人員都是通過國家考試，正式就任前經歷受訓實習的階段，讓他們熟習政府運作與行政法規，為人民、為國家服務做準備。若青年參政者成為當選人或因勝選擔任機要與助理等要職，他們因年紀因素而缺乏社會歷練，國家若能規劃相對應的訓練課程，有助於他們行使權利與勝任職務。因此，我認為全數的當選人，及其機要、助理等要職人員，政府有責任規劃類似的教育訓練。

政治環境正常化　才能期待優秀青年投入

青年投入政治工作之前，必先願意關心政治。在此之前，各政黨時而合作、時而競爭，取得權力實踐理想為民主常態。時至二〇一八，中央政府於二〇〇〇、二〇〇八、二〇一六年的總統大選，短短十六年已經歷三次政黨輪替；絕大多數的縣市政府，不同黨籍的候選人透過地方選舉取得行政權，政黨輪替已成為民主常態的現象之一。

國會則在二〇一六年終結國民黨與泛藍陣營長期掌控的局面。政治環境正常化——這是所有政治工作者必須善盡的責任。建立休假制度、升遷與獎懲制度、尊重生活空間、重視各方領域的專才、黨內初選機制、公費選舉、薪俸制度、受訓制度等等現狀，從中可以瞭解政治工作存有多面向的特殊性，國家體制也有許多有尚待改革之處，有賴各政黨領導階層、立法院、內政部、人事行政局、各領域專家學者以及青年參政者等機關團體共同研擬調整與修法的方案，達成政治環境正常化的目標。

政治事務有效分工與制度化，國家長期發展兼顧各領域、各區域、各階層，不因爭奪資源而內耗，當政治工作成為一門貢獻專業的行業，才能期待更多優秀青年投入政治。如此的臺灣政治，讓青年政治工作者為核心價值奮鬥、為自己與下一代的未來，掌握更多做主的機會。◆

專訪

難違情義理

——專訪楊懿珊（臺中市政府文化局主任秘書）

撰文者／楊盛安

楊懿珊，一九七九年出生，英國倫敦大學皇家哈洛威學院國際關係碩士，現任臺中市政府文化局主任秘書。二〇〇七年首次進入政府體制任職，曾任民進黨駐亞洲自由民主聯盟專員、民進黨國際事務部專員、澳洲駐臺商工辦事處政策助理、臺灣智庫副研究員、總統府諮議、立法委員鄭麗君國會辦公室副主任、行政院文化部次長辦公室專門委員。

陳水扁是政治人物的啟蒙，他捲起的旋風，確實讓大家覺得他是可以帶領臺灣改變的一號人物……陳水扁競選連任臺北市長時，我正在墨爾本念書，盯著Yahoo首頁，開票時要透過手動更新，瞭解臺灣的政治脈動。」臺中市政府文化局主任秘書楊懿珊娓娓道來。陳水扁連任失敗，她和許多六、七年級出生的熱血青年同感失落，對故鄉的牽掛則是她比較不同的地方。

初見，政治人物的啟蒙者

楊懿珊的政治思想啟蒙源自於父母，當她就讀板橋文德國小三、四年級時，他們拿著黨外時期的刊物並嚴正地批評課本那些歌功頌德的教材內容。父母的心情也是矛盾的，擔心楊懿珊到學校去宣揚不同於課本的想法。她說，「我心裡開始對國立編譯館教材的內容產生諸多疑問，後來去到國外，接觸了不同於臺灣國民教育的觀念，我才再去檢視自己是誰。」

二〇〇二年，陳水扁以民進黨主席的身分約見青年部，席間他請每個人抒發己見。當時的楊懿珊是實習生，首次近距離面對黨主席，她直率地說：「臺灣應該要討論『媒體規範』，現在新聞臺的各種亂象，令我實在看不下去。」當時陳水扁點頭回覆說：「我們在媒體議題要很小心，基本上最高的價值是捍衛新聞自由。」在受訪現場中，楊懿珊回憶著十六年前的往事，差點壓抑不住自己波濤的情緒：「我必須強烈地批判高度商業化的媒體，它們是民粹式的監督，已逐漸喪失第四權的角色，非常可惜，臺灣缺乏理性監督的媒體！」有此言論，源於她就讀澳洲國家大學時，深受美國哲學家杭士基（Noam Chomsky）的影響。

楊懿珊是新北市板橋人，新埔國中畢業後去澳洲讀書，曾在澳洲、英國求學。進入市府團隊前擔任行政院文化部次長辦公室專門委員，負責文化事務和國際文化交流。「政治圈裡，誰和誰在校園認識，進社會後就方便就近照顧；我是國中畢業就出國讀書，與臺灣朋友連結較少，少了一群學長、學姐，在政治圈相對就落單許多。直到進入黨部、臺灣智庫、國會辦公室，才開始建立人脈，其實也是傳承了林佳龍、鄭麗君的人際網路。」楊懿珊感恩的表達自己特殊的背景，所以這兩位先進也是提攜她的重要「老闆」。

· 臺中市政府文化局時期。（圖片提供：楊懿珊）

可以想見，以前的楊懿珊並非活躍的社會運動者，首次參加的社會運動在一九八八年的澳洲：當時的政治人物寶琳・韓森（Pauline Hanson）力主排華，澳洲社會擔心白澳政策再度興起，因而推動了反種族歧視遊行。二〇〇五年反反分裂國家法遊行，她當時是負責維安的黨工，從後臺近距離觀看登臺者如何論述，遠望民眾守護臺灣的意念。

楊懿珊停頓一會兒才憶起臺灣遊行的初體驗。

走進地方說故事

「其實這個時代就是比誰會說故事。」她直言。

身為臺中市政府文化局主任秘書，她放下「做一分事情，說一分話」的觀念，進而扭轉成「做一分事情，說兩分話」的理念，多一分是要讓市民理解事情是有意義的，更必須在極短的時間說明。楊懿珊以民眾的角度敘事，和她在立法委員鄭麗君國會辦公室因工作撰寫的新聞稿有異曲同工之妙，「自己不想看的東西就不要寫，自己不想聽的話就不要講，只要知道這是文化局的施政就足夠了。」訪談時，楊懿珊同樣精簡地道出她的個人施政理念。

在臺中市政府工作期間，她強烈感受到，「在私部門工作是一回事、在黨部工作是一回事；在智庫工作是一回事、在國會是一回事；在中央部會是一回事、在總統府是一回事；在地方工作又是另外一回事。」楊懿珊終於瞭解到「臺灣社會之如此分歧」的原因，也逐漸拼湊出完整的臺灣異象。其中，政府制度是不利橫向溝通和整合意見，政府法規也有不合時宜的地方，「若不瞭解體制的行事規則，只會被體制玩弄跟擺布，對於國家的進步是沒有幫助的。」她略帶提醒的、訴說著自己的施政堅持。

當她任職於立法委員鄭麗君國會辦公室副主任期間，也是媒體聯絡人。她對身心障礙者、蘭嶼反核廢料以及婚姻平權等議題都有很深刻的印象。鄭麗君曾任行政院青年輔導委員會主任委員、青平台基金會董事長，對年輕人始終懷抱著特殊的使命感。

楊懿珊憶起當時的情景：「鄭委員花了很大的心力去改變一些事情，很堅持於開創一個環境為弱勢族群爭取權益，她也不受任何選票的約束考量。」身為媒體聯絡人，「創造話題、爭取外界支持」是很重要的課題，也追求讓媒體「全文照登」的企圖，訊息要明確、簡潔。楊懿珊略有自信地說道，「大部分時候都做得到，只要廢話不要太多。」

如何扮演好媒體聯絡人？楊懿珊說：「我有某一種敏感度。」她補充，「當然一開始會害怕，但如何精準地傳達鄭委員的立場，掌握媒體訴求或用什麼方式讓閱聽者接收消息，這都是一段需要摸索的過程。不過我發現，只要開誠布公地向記者們講訴其困難之處，基本上記者朋友們都滿友善的；我很感謝很多記者朋友們告訴我，一則新聞稿要如何扼要傳達內容，才讓我學習到很多寶貴的經驗，不去犯別人曾犯的錯誤。」

二〇一三年，吳伊婷跟吳芷儀遭內政部撤銷婚姻，同時間，臺灣伴侶權益聯盟、鄭麗君、尤美女聯合召開記者會質疑內政部違法。後來內政部召開專案會議，做出婚姻登記合法的結論。楊懿珊認為，「這個陳情案是結合民間力量跟民意機關的例子，更是婚姻平權的里程碑；這個運動能夠加速前進，鄭委員是很關鍵的人物。」推動這個議題時，面對外界直接的抨擊與謾罵，「幸好那時候有鄭委員當後盾，我才有空間做事。」現在服務於林佳龍主政的臺中市政府，他也是支持婚姻平權的政治領袖之一，前後任老闆在此議題的立場一致，對於楊懿珊，這是幸運的際遇。她對制度研究頗感興趣，在立法院工作三年多，也累積不少具體的成果。

外交性格　勇於扛責

從政治幕僚到握有權責的主管，差異點在哪裡？楊懿珊回答：「這是截然不同的訓練。擁有決策能力有兩個重點，第一、我可以直接負責，不像幕僚可以躲在後面，好壞由老闆承擔。但現在我成為主管，我必須承擔每一句話、蓋下去的章和會議的結論；第二、有狀況，我會承認過失。」楊懿珊坦承，藉由不同職責的工作角色，久積的疑問反而會一一得到解答。為何政治人物面對民眾，話不能太滿？要過濾不成熟的談參資料，每個步驟都要深思熟慮。曾與楊懿珊共事的人透露：「楊懿珊勇於扛責，不會將過錯推諉他人，也不畏懼說真話。當然，這作風有時候會比較吃虧。」

如何歸類自己的路線與性格？「擔任鄭委員辦公室的媒體聯絡人後，我才逐漸浮出在檯面上。我是目標導向的執行工作者，完成後就撤退，也可以做『化妝』、『外交』等工作，比較不算是獻策型工作者。」從旁觀察，楊懿珊在記者界的人氣頗豐，其作法不是傳統的政治公關，倒像是真誠相待的朋友關係，「記者的嗅覺很敏銳，馬上會察覺真誠與否。」楊懿珊誠懇地補充：「不像林佳龍委員、鄭麗君委員，願意花時間經營一件事情。我比較沒有耐性，相較於他們，為人處事比我『柔軟』許多。」

「反省」是楊懿珊的舒壓方式，「沒有人可以在生氣的情緒當中得到釋放，人不能一直困在裡面，我會想辦法讓自己獨處，然後安靜下來一段時間。或許一個週末。我擅於獨處，而且人一定要學會與自己相處，平靜的方式有很多種，我會點個薰香，大概一炷香的時間，整個人放空或冥想。」

公部門辦公室出現公文書籍、市政報告書、沙發長桌等不足為奇。膠捲相機、仿古檯燈、各式茶具、杯具、咖啡豆和典雅飾品，茶几上平放了一臺型號 KEYone 的 BlackBerry，在訪談過程中映入眼簾。

・年輕的楊懿珊在總統府工作時期的青澀模樣。（圖片提供：楊懿珊）

我看著楊懿珊的俐落穿著，短髮、西裝外套、剪裁合身的衣褲。「我是一個很懶的人，希望打開衣櫃就能穿搭快速，穿著，自在就好。」訪談期間，想知道她為何對 BlackBerry 愛不釋手？當時她沒回答，但後來我於手機收到一則來自她的訊息：「現代的手機消失得太快，我其實很懷念智慧型手機出現前的年代，每一款手機都有自己的巧思，長得不一樣，能體現某種個性跟差異性，黑莓機的消失讓人很悲傷，對實體鍵盤有一種感情。」這件事，讓我看見一位惜物者的感情。

三次離開臺灣政治圈

二〇〇三年冬季，楊懿珊在澳洲國家大學政治系就讀，趁聖誕節假期回到臺灣，主動致電報名民進黨舉辦的國會助理研習營。電話那端的黨工說，「這已經結束了，妳可以來青年部實習。」

父母親認為在政治部門實習很荒謬，楊懿珊反而變成大人模樣誠懇向父母溝通，「實習才兩個月而已，又沒有什麼。」實習階段由於黨工的親切，使她對民進黨更加認同。翌年前往國際事務部實習。資深黨工覺得她年輕又有熱情，便問她有沒有意願外派到倫敦的「國際自由聯盟」或馬尼拉的「亞洲自由民主聯盟」。她選擇了馬尼拉，於是第一份政治工作便在菲律賓展開，經歷「腥風血雨」的家庭革命，那時是二〇〇四年七月。

「我之前在工作選項方面保持開放的心態，世界那麼大，不見得一定要綁在哪裡，也不一定要回來臺灣。在菲律賓看到太多的貧窮、很多次的恐怖攻擊，這是政治貪腐的結果，我確信政治可以改變集體命運，這個外派經驗反而強化我進入政治圈的起點。派駐海外前發生『兩顆子彈』事件，整體政治社會環境很不穩定，我希望臺灣千萬不能變成那個樣子。一年的合約結束，黨把我調回來國際部。」三、四個月後，楊懿珊看到澳洲駐臺商工辦事處的開缺消息，對外交事務極有興趣的她，把握了那個極其難得的機會。看到別人是怎麼看待臺灣，我們是怎麼跟他們互動，工作經驗對她來說蠻重要。這是楊懿珊第一次離開臺灣政治圈。

二〇〇六年興起紅衫軍倒扁運動，楊懿珊在臺北街頭時常遇見紅衫軍，讓她的情緒起伏很大，她認為「臺灣要完蛋了！」所以不想窩在辦事處繼續過安逸的生活，思及很多夥伴都在政治圈，就一直想要回來。楊懿珊放慢語句回憶道：「忘記是誰，傳來臺灣智庫正在徵編輯的消息，我就進去了，二〇〇七年十月，林佳龍被派任總統府副秘書長，我被一些人推薦給他。」這是她第一次與林佳龍委員共事，擔任總統府諮議的楊懿珊，當年才廿八歲。「我負責文稿與一些外交事務，也曾陪同林佳龍副秘書長出席國安會議。」

是否有隨元首出訪的經驗呢？「有，去瓜地馬拉、聖露西亞，那是陳水扁前總統最後一次出訪。」楊懿珊語氣平和地說。

民進黨在二〇〇〇年總統選舉贏得政權，在二〇〇八年再慘敗交出政權。楊懿珊說：「年輕時在體制內見證時代的大動盪，經歷一、兩個禮拜後，我在辦公室打包，有一種黯然下臺的惆悵感。申請到了英國外交部的獎學金（英國倫敦大學皇家哈洛威學院），與其說我去唸書，不如說我是去療傷。回國之後，

・總統府時期（下臺前夕被同仁拍攝）。
（圖片提供：楊懿珊）

很不想再回到政治圈，因為實在太痛了。」楊懿珊出國進修攻讀國際關係碩士學位，是她第二次離開政治圈。

然而，惜才的林佳龍還是為楊懿珊在臺灣智庫留下一個位置。二〇〇九年，楊懿珊重回智庫。那段時間，透過林義雄倡議的人民作主「補正公投法」，楊懿珊因而結識了鄭麗君。三年後，鄭麗君出任不分區立委，順勢將楊懿珊帶進立法院。

「那是政治運作的重要場域，又是一個人聲嘈雜、民意集散的地方，任何意見都有，各種政治拉扯都在裡面彙集，我在國會辦公室工作三年之後，感到有一些疲累，也感到學習的停滯。我的心境又回到從英國學成、想去私部門工作的狀態。」後來，她察覺到私部門跟公部門看事情的角度完全不同，「於是，我確定自己沒有辦法在私部門工作。」當時，楊懿珊服務於全球五百大企業的傑太日煙企業擔任公共關係部經理，這是楊懿珊第三次離開政治圈。

"The general population doesn't know what's happening, and it doesn't even know that it doesn't know."（一般社會大眾並不知道發生了什麼事，他們甚至不清楚自己原來什麼都不知道。）忙碌於私部門，她應該會想起 Noam Chomsky 的名言吧。

雖然離開臺灣政治圈三次，但楊懿珊似乎一直對政治圈仍保有某種情感？面對這樣的提問，楊懿珊認為，「儘管當初我離開府內的創傷和疑問仍存在，但我對於智庫卻放下很深的感情，才會受政治前輩的感召留下來。包括林佳龍、郭建中、莊國榮、鄭麗君等前輩，那種情感比較像是自己在參與一種傳承，臺灣民主是很多人犧牲青春與生命得來的，以前參與一些遊行或活動，有些長輩會滿臉欣慰，告訴我們年輕人說，『臺灣靠你們了。』長者會講這種話，如同看到黨內景況，大家一棒接一棒，呂秀蓮、陳水扁、謝長廷等人都放手讓年輕幕僚有很多機會，馬永成、羅文嘉、蕭美琴等人，這都是接棒。政治前輩們創辦臺灣智庫，許多中、青世代的政治工作者與學者在那個場域裡討論政策，補足了我更多方面的思考，青年人當接續民主的那把火。」

感於傳承的信念，楊懿珊不忘付諸行動。曾在政治圈的摯友王冠樺說：「當時，臺灣智庫提供大學生實習的名額，楊懿珊提議實習生必須協助有意義的事務，而不是買便當、跑腿而已。楊懿珊很樂意提攜後進，關心他們後續的發展，對上、對下沒有分別心。」

從政的六大建言

畢業後有以政治圈為工作首選嗎？「其實完全沒有。我原先高中畢業時，是申請澳洲墨爾本大學商學院，就讀之後發現自己完全沒有興趣，後來，我寫一封文情並茂的信給澳洲國家大學，提到唸書不應該是痛苦的，想要改念政治系；可能我在高中的成績很好，校方就接受了我的申請吧？」該校跟澳洲政治圈的關係很緊密，是一所非常頂尖的學校，加上澳洲的國會、政治重心都在坎培拉，因此楊懿珊更有系統性的學習有關政治、哲學等相關學派。

從事政治工作超過十年的楊懿珊，有甚麼建言給未來想從政的年輕人？楊懿珊提出下列建議：

一、要具備核心的關懷，自己的價值體系：遇到困難、疑問時，才能找尋對應的準則。對我而言就是哲學思考、人本關懷、具備正義感、同理心。哲學幫助我接受一件事情就是人性本惡。人的本質是自私的，人要生存，首先便是先顧好自己，其間沒有絕對的對錯，因此要能理解，很多事情是因為自私而生。

・現在的楊懿珊充滿自信與執行力。（攝影：楊盛安）

二、政治不是一般的工作：進來政治圈很容易，離開很難，所以政治圈永遠都在缺人、隨時都能進場。有興趣進來，看看一、兩年，不行就趕快撤退，不要執著也不要回頭，最好是可以預設自己的停損點。踏入政治圈，要有一套自己的思想還有初衷，但是不要懷抱改變社會與世界的錯誤期待。

三、堅持核心價值：這是政治工作最困難的一環。當你的核心價值與工作團隊不一樣時，馬上就要面臨到矛盾的考驗：你是不懂政治，所以你不懂妥協；還是，你真以為真理是辯論出來的？政治到底是衝突好，還是圓滿好？的確兩難。為了價值而辯論，十分痛快；圓融讓人閃過許多衝突，就免去許多心力交瘁的對峙或推敲他人語意中的真實意涵。

四、判斷自己是哪一類型的政治工作者：活躍的人適合做組織工作，擅於化妝的人適合做文宣、外交，心思縝密的人適合擔任幕僚工作，想開疆闢土的人可以去選民代。走政治，設立自己各階段的目標，是相當重要的一個環節。

五、現在的政治局勢更混濁：當今的環境比十幾年前更艱困，現在是後民主化時代。過去有很強的假想敵，黨的任務就是要打敗它。但是，現在的政治工作者要去摸索「臺灣利益」是什麼？加上面臨社會福利、貧富差距、兩岸的議題，還有多元龐雜的議題，這些都會左右人留在政治圈的意願。

六、相信自己內在的聲音：政治工作者一定要有相當完整的信念。人一定要相信自己，而不是相信別人，人有信念就會產生自信心，就可以智慧判斷很多事情，決定權會回歸到自己的信念。然後，這個信念可能強化你的直覺，或對人性更敏銳，讓人在某個時間點會往你這邊走。

楊懿珊坦言，「踏進政治圈會耗用你很多、很多的精力，包括認識社會現實面。大多數政治工作者關心集體利益，任何改變都要克服現狀，新人進來會看到很多始料未及的醜陋與不堪，可能心裡會咒罵與失望。」楊懿珊的圈內好友Linda說：「懿珊政治歷練豐富，待人熱情友善，總是抑制不住對臺灣元素的好奇心，保有童稚之心很不容易。」

再見，政治人物的啟蒙者

楊懿珊在青年部實習時，第一次看見陳水扁才廿三歲。前幾年，他們在高雄再度再見。陳水扁前總統還記得她嗎？她坦言，近距離的接觸更加震懾地感受到政壇巨人的頹傾，「那天之後，阿扁前總統應該記得我了。」

我們真的要向強人政治告別，任誰也無法轟轟烈烈了嗎？林佳龍在二〇〇七年帶著楊懿珊進入總統府，隔年五月時逢政權移交，最後兩週打包的點滴令她記憶猶新。二〇一七年，她受邀加入林佳龍市府團隊，時移事往恰滿十年。常言道「十年磨一劍」，楊懿珊比劃名為「走政治」

的劍，能夠成就哪些故事，讓我們繼續看下去。

「有政治經驗的人離開政界，對於個人與政壇都算損失。若轉換到私部門，由於缺乏業界的背景與經驗，待遇與職位可能不如政界。」這或許是楊懿珊建議，進入政界探看一、兩年，不行就趕快撤退，不要執著也不要回頭的原因吧！

對楊懿珊而言，要抽離與臺灣、前輩與政治的連結，在情、在義、在理皆難以違背。「政治之路易進難出。」是楊懿珊這位政治工作者提出的參政忠告。

註釋：

臺中市市長林佳龍連任失利，楊懿珊將於二〇一八年十二月廿四日卸任臺中市政府文化局主任秘書。

生來要吃政治飯

——專訪張惇涵（桃園市政府新聞處處長）

撰文者／宋致誠

張惇涵，一九八一年出生，臺灣大學政治學研究所碩士，現任桃園市政府新聞處處長。二〇〇八年首次進入政府體制，曾任二〇〇四年陳水扁競選連任總統北臺灣青年總部執行長、二〇〇五年羅文嘉競選臺北縣長辦公室政策部專員、立法委員吳秉叡國會辦公室秘書、行政院政務委員林錫耀辦公室機要秘書、臺灣省政府主席辦公室機要秘書、民進黨青年部幹事、二〇一〇蘇貞昌競選臺北市長辦公室文宣部副主任、超越基金會發言人兼文宣部副主任、二〇一二蔡英文競選總統辦公室新聞部副主任、新境界文教基金會研究員、民進黨中央黨部主席室主任兼發言人。

「別生氣啦，議員，您是市長的兄弟耶！你說的話怎麼可能不理……」他在電話中努力向市議員解釋。待事情處理完畢後，他收起笑容並轉成嚴肅的面容，細細地和幕僚討論如何處理方才電話中的事。這是桃園市政府新聞處處長張惇涵的生活日常。行事嚴謹，下屬們每天都過得戰戰兢兢，但卻沒有人會否認，張惇涵有一種與生俱來的魅力讓大家信任，「執政的每一天、每一秒都是在打仗，把神經繃到最緊，才能處理好市政的每一個問題。」

這位看起來從土地裡長出來的民進黨人，很難想像他是來自外省公務員家庭。「我的爺爺是根正苗紅，浙江省奉化縣人，跟老蔣是一樣的，外公是安徽人，我是外省第三代。」張惇涵說：「我很多父執輩的叔叔伯伯和爸媽的朋友，其實經歷過二二八事件，所以從小並不是聽黨國教育的那一套說法長大的，對於那時候的教育其實是有一個問號存在。」

反叛的藝術家性格

一九八九年，八歲的張惇涵在家看卡通，一直沒轉臺，「播到後來是六四天安門事件的新聞，我當時看到那個畫面是很震撼的！」處在一個威權與自由衝擊的年代，一股「反叛」的念頭開始成形。

國中畢業後，張惇涵捨棄讀高中而跑去念五專。到臺塑開設的明志工專念設計。五專時期，

・張惇涵於《桃園誌》三週年開幕致詞。（攝影：王渥臺）

他把握機會在臺塑相關企業累積了大量的實務經驗，對臺灣傳產業的理解與日俱增。某一個暑假，張惇涵選擇到非臺塑體系某家 LED 工廠去實習——剛開始，他只是去包裝，但實習結束後，老闆卻「丟」給他一本國外型錄，告訴他：「細節修改後就模仿、開模、上生產線！」這件事讓他深刻地明白臺灣工廠有自己的局限。後來他慢慢體會到即使產品好，沒有加上適當的行銷方式和管道，工廠也很難存活。所以他原本想改唸新聞學系，但卻意外地進入臺大政治學系。

張惇涵記得老師問他念了政治，以後想要從政嗎？年少輕狂的他回答說：「我不認為從政是唯一的選項，因為那要有很多主、客觀的條件，但如果有機會改變一些什麼的話，我覺得倒是可以試試，因為聽起來挺浪漫的！」老師再問：「那你想要做什麼？」他回答：「我要做一個典範，酒店關門時我就走。（I leave when the pub closes.）」這句名言來自二戰後邱吉爾選舉落敗的豁達。「是不是有一個人可以來去很瀟脫？我覺得別人做不到，但我應該是可以吧？成為一個『讓一般人對政治沒有那麼失望』的一個人。」

政治路的第一發震撼彈

來到學風自由的臺大校園，張惇涵終於遇到各形各色卻和他一樣有著叛逆靈魂的人們。其中尤以學生時期即與民進黨關係匪淺的丁允恭影響最大。在丁允恭的引薦下，張惇涵開始參與民進黨內部的活動，並認識他在政界的第一個老闆——羅文嘉。憶起踏入政治的過程，張惇涵莞爾地說：「他們每次找我聊天都像這樣子喝個咖啡，提供他們一些意見，大概長達一年的時間，當中完全沒說要到費用的部分，然後也沒有人詢問過我要不要入黨？真的覺得他們只是想聽聽年輕人的想法是什麼。」

二〇〇四年總統大選，羅文嘉邀請張惇涵進入陳水扁臺北青年總部輔選：「我們是『門面』，創意空間很大，後來決定全部採用投影，牆面很高又是全白色系，就被綠營大老黃慶林責罵——現在整個都白的，你以為在公祭嗎？」張惇涵想起這些經歷，都讓他覺得「民進黨是一個願意給年輕人機會的政黨」。

一年後，羅文嘉準備參選臺北縣（現改制新北市）縣長，隨即邀請剛考上研究所的張惇涵協助輔選。一手被羅文嘉提拔的他，二話不說即決定參與。撰寫談話參考、做出政策、跑行程到寫新聞稿，張惇涵幾乎所有的事情皆做過，也讓他開始真正認識「什麼是政治和選舉」。回憶起羅文嘉的那場選戰，讓張惇涵印象深刻的有兩件事——當時國民黨對手周錫瑋提出「土城要蓋小巨蛋」的政見，結果隔天早上開晨會時，羅文嘉就指定張惇涵評估在土城設立藝文設施場所的可能性。

傍晚，剛結束行程的羅文嘉請他回報在土城設藝文中心的評估狀況，張惇涵心裡偷笑：「這是一張芭樂票啊！」隨後立即「統整」給老闆羅文嘉：「大家的看法都認為『這件事不可行』。」豈知平日總是笑臉迎人的羅文嘉，整張臉立刻垮下來，嚴肅地對張惇涵說：「惇涵，我不是要聽你說『不可行』，我希望你告訴我的是『怎麼做』！」第一次被老闆這樣嚴厲對待而備受震撼的張惇涵，連忙在午夜十二點之際打電話叫醒所有幕僚，在羅文嘉的監督下熬夜製作出一份具有可行性的評估報告，翌日清晨即發夾報出刊。

結束這場混戰後，羅文嘉再次找他進辦公室，語重心長地說：「惇涵，我們做政治工作是這個樣子——我們想要做，就是告訴我怎麼做；不是告訴我不可以，不然我要你幹嘛？」

而那場選戰是當年民進黨「血崩」的開始。敗選的當夜，張惇涵陪著羅文嘉向支持者深深一鞠躬，於此同時，對手在對街的總部前歡慶地煙火升天。羅文嘉對哭到沒辦法自己的張惇涵說：「惇涵，你要好好念書。知識是力量，也是武器，未來的時代是講道理的時代。」這句話深深烙印在他的腦海中，也成為後來支持他一路堅持的價值，因此當「有位子」空缺時，政治圈的人常常都會來找他去遞補。

無數歷練造就扎實的底子

從政十幾年來，張惇涵形容自己的角色如同金庸小說裡的張無忌，身上匯集了各派系的武功，「因為我服事過的老闆，分屬不

· 張惇涵出席桃竹竹苗區域治理平臺的幕僚長會議。

同派系，每個派系都有各自的做事方法、態度與政治哲學。」

第一個開始訓練張惇涵的老闆是林錫耀，也是影響他非常深的一個人，他認為林錫耀是「自己遇過的政治人物裡面最聰明的一位」。他教會張惇涵從細節裡抓出一個大方向。二〇〇五年，張惇涵為羅文嘉選舉時，林錫耀擔任競選總幹事，他請張惇涵製作會議紀錄，並要求他：「我討厭看很多字。每次的會議資料，一張議程、一份列管表和一份會議紀錄，我只要這三個東西，能夠兩個字寫的你就不要三個字寫，能夠一句話寫的就不要兩句話寫。」他的要求為當時初踏入政治圈的張惇涵打下扎實的基礎，在後來的政治路途中，林錫耀也是他在許多關鍵時刻「拉他一把」的貴人。

眾多老闆中，影響張惇涵最大的人是蘇貞昌。在張惇涵的眼中，蘇貞昌是一個「方方正正，一絲一毫都不能有差距的人」——連「釘書針怎麼釘」都有規定。二〇一〇年，蘇貞昌競選臺北市長，張惇涵回去幫忙。選舉過程中他常常被蘇貞昌罵，照蘇貞昌的講法就是：「任何一個動作，都是一個引爆點。」連擦桌子都有可能被罵——「你是沒做過家事喔？桌子你不會擦喔？你要這樣擦、才擦得乾淨啊！」

有一次志工在搬桌子，被蘇貞昌看到，他隨即把站在一旁的張惇涵叫過去，「那些搬東西的人是沒有讀過書嗎？還是你是讀過書的人？還是他們比較下等、你比較高尚？還是他們不用錢

（志工），你要錢（幕僚）？」被他這樣一罵，張惇涵聽懂了。蘇貞昌培養他一個做事的觀念：「凡事規規矩矩，大小事情一視同仁，一律平等。大家是一個團隊，都要挽起袖子來工作。」

相對於蘇貞昌的「一板一眼」，桃園市市長鄭文燦則顯得「八面玲瓏」：「鄭文燦很有原則，但他也能妥協，他很懂得平衡點在哪裡，也教會我什麼是『細膩』。」張惇涵舉例，某一天晨會上，鄭文燦打開報紙，劈頭就問：「為什麼這句話會這樣寫？他寫的是錯的！惇涵，你為什麼沒有去解釋清楚？」他馬上回說：「可是後面『有平衡』啊！」鄭文燦連一篇報導的細節都不放過，其細膩特質可想而知。

張惇涵自嘲：「我就像海綿寶寶一樣，這邊吸收一點、那邊吸收一點，於是融合很多先進前輩的做事方法。」從地方到中央，在無數長官的麾下做過事，有時雖然會產生挫折，但他總是認真地在工作中汲取他們的優點。

也因此，黨內需要「即戰力」時，張惇涵總是成為眾人爭取的對象。就如同他現在擔任桃園市政府新聞處長乙職，張惇涵笑說「其實是被鄭文燦設計的！」二〇一四年，張惇涵完成地方選舉工作後，累到生病。有一天，凌晨六點多，鄭文燦打給他說，待會他要發布第一波人事命令。

「喔？那你需要我去幫忙主持嗎？」

「不是，我是要發布你成為『新任新聞處處長』的消息。」

「就這樣喔！」鄭文燦立刻掛斷電話，留下呆愣的張惇涵一臉茫然。後來張惇涵雖然「硬著頭皮」找鄭文燦討論這件事，但最後還是接下人生第一次地方政府主管的重責大任。

馴服官僚巨獸的「硬實力」

擔任桃園市政府發言人，張惇涵擠出一絲苦笑：「第一天就不想幹了！」

剛上任時，面對剛由藍轉綠的桃園市，怎麼妥善處理來自議會與媒體的攻擊，還有穩定行政體系，椿椿都是大工程。某一天，時任高雄市政府發言人的丁允恭對他說：「我覺得我們的工作是滿辛苦的，你不覺得我們的工作就是『每天都在找理由』嗎？」這個問題點醒了張惇涵，讓他重新定位自己的角色：「至少找理由的背後還是有理想吧！如果沒有理想，我可能連『理由』都懶得找。」因為在政府工作和在民間工作的差別是「不能只用理想來做事」：「就算你在找理由，那些東西都是奠基在你了解每一個最細微的地方。」

「到桃園上班第一天，我就知道自己不是來交朋友的，是來做事的。執政的每一天都是沒有假期的。」面對龐大的行政體系，他的工作態度是從最細微的部位了解起，再合理地執行每項任務。

張惇涵甫上任，剛好遇到桃園市政府升格，預算必須重新編審。他請每一位科長與他討論，重新逐條審視預算。他舉一個例子：「公務機關最喜歡今年編多少明年就編多少，今年做怎樣、明年就做怎樣。但我看到有一筆概算是購買書藉費用三萬元。我把那時候的科長叫來，一問之下，才發現前一年並沒有動用到這筆預算，我問科長如何編列的，竟然『一問三不知』。」於是張惇涵對那位科長說：「三萬元，一本書三百塊好了，你可以買一百本；你們一年上班兩百天，請你告訴我，兩天怎麼看完一本書？除非你開出書單來，否則我不給你這筆預算。」談到這件往事，他笑說：「這一點是很蘇貞昌。」

在新聞處工作近四年，所有的公文都是張惇涵親自決行，即便是「廢文」的公文，都還是一樣比照辦理。「我可以透過每天看所有公文，了解各科室是怎麼運作的，我知道哪裡工作不均，我知道各處室同仁大概在做的事情。」有時甚至可以經由其他單位發的公文發現他們的問題。

透過這種工作方式，張惇涵比許多局處的業務承辦人更了解其業務。

但如此嚴格的要求也可能讓同仁吃不消。有一天，網路電子佈告欄 PTT 公職人員版裡，有個人詢問桃園市政府新聞處的工作環境，就有人留言回應：「處長很年輕，但是常常十一點過後才下班。」對此，張惇涵回應：「我們花了十倍的努力，可能換不到十分之一的認同。但我們就是『只能這樣做』，做到讓人家覺得民進黨執政真的不一樣。」

在層層綿密架構的公務體系內，也會常常遇到許多僵化的框架所產生不合理的狀況。這種情

・張惇涵（左）形容自己像金庸小說裡的張無忌。（攝影：楊盛安）

形對張惇涵來說，「批公文也是審視自己價值的過程！」他分享當他在批公文時，「其實無時無刻都在提醒自己，我對政治的價值觀跟理想還有沒有堅持住？」

有一次，張惇涵收到一份〈調查簡任官任用，是否達到性別平等〉的問卷公文，攤開內容看到的卻是處處性別刻板框架的問題設計。他直接在公文批示欄「開罵」——他故意把每個問題都勾完，「勾完之後，你知道我批什麼嗎？我在我的批示欄上面寫說，整份問卷充滿性別歧視，請人事主任將此批示作為補充資料，再送交人事處。」

另外也會遇到公務人員的「挑戰」。有一次，為了瞭解各處室的支出情況，他不僅細看公文，且連動支單都會親自蓋章。「剛上任的時候遇過一個狀況，有一張動支單上面申請十元，是外出停車的費用。承辦人、經辦人、主管到處長一整個流程，不管行政再怎樣簡便，也需要兩張（動支單與動支說明），一個流程加起來總共十個印章，」於是張惇涵請科長到他辦公室：「這次沒有關係，但如果再發生，我不會再批了。」但張惇涵也不會不付款，他告訴科長：「下次我會直接貼上十元硬幣在我的批示欄上。」之後過了三年，該科又發生一模一樣的事件，於是張惇涵貼了十塊錢，把公文拿出去給科長：「我說到做到。」

「這就是為什麼我說細節很重要、熱情很重要、不被改變很重要！因為你若看到每一個細節，你才有辦法建立制度；這種事情會層出不窮，但工作態度的熱情就是把不好的改變成好的；是你要改變他們，不是你被他們改變。」

無形中已決定好的人生之路

一路走來，張惇涵為許多政治人物工作過，也處理過不同的任務。每當他回顧過往，總感到這一切好像是「無形中早已決定好的人生之路」。其實他從沒想過要到行政體系工作：「兩、三歲的時候，外公抱我去市政府，他的同事就圍著我說：哇，『少爺』怎樣、怎樣。小時候的記憶一直跟隨我長大，或是說從我出生以後，我對這種『巴結』的味道非常敏感，所以現在我就跟我的同事們說，『我很討厭官僚』，對『僚氣』很敏感。」

當年他讀明志工專時，王永慶剛好推動原住民教育，大量招募原住民就讀，他天天與原住民同學一起唸書生活，自然對原住民處境與文化有了深刻的瞭解。後來到桃園工作後，常隨同鄭文燦到屬原住民區的復興區訪視。他從沒想到年輕求學時與原住民朋友相處的經驗，竟轉化為他與原住民交朋友的能力：「對我來說，那是我的朋友，我從很小的時候，這些人就是我的朋友，我知道他們的環境與心態。」

經歷過的風雨，張惇涵認為好的政治工作者要像雜草一樣，「雜草要有韌性，雜草要活得有自己的方式，雜草通常長得比別人長，雜草要知道自己是在做什麼，為了什麼而努力、奮鬥，才有辦法繼續做下去。」他鼓勵青年從政有兩個條件特別重要，第一、「要願意被訓練」，第二、「要有熱情」。

不管政治或任何行業，千萬不能眼高手低：「很多基本功夫要從細節著手，但那不是一件容易的事。做政治要『無我』，因為我們是在為人民服務，是在為大眾做事，所以不能把自己的生活習慣、從小到大的觀念當作是一個框架，然後『自我感覺良好』。要很扎實地學習每一個基礎的事情。」張惇涵很認同李文忠對他說過的一句話：「不管你資質好或不好，你都是要被訓練。」

優秀的政治工作者另一個條件就是要有熱情，「不然工作到後來會沒有理想，只有理由，或是盲目的比較、盲目的追求更高的位置。一旦忘記了自己的熱情，就變成只計較自己的薪水、同事是怎麼樣的人等等。」

人生是一場不斷堅持進步的遊戲

如果不從政，會想做什麼？已入「而立之年」卻大半輩子都在政治圈的張惇涵，不假思索地說：「當電競選手吧！那是一個小時候覺得好玩且紓壓的職業，但是當我長大後，尤其這幾年，我才發現電競選手其實很專業，不是這麼容易的工作。」即使目前別人聽到他做的事，都會露出尊敬的表情，但他始終認為自己最榮耀的事就是「魔獸世界部落高階督軍」——那是他「堅決不代練，用肝換來的徽章」。不管是真實的人生或是虛擬的人生，張惇涵永遠都是全力以赴！◆

註釋：

張惇涵於二〇一八年十二月二十四日卸任桃園市市政府新聞處處長。

彰化雞農的政治夢
——專訪姚量議（中央畜產會副執行長）

撰文者／郭姵辰

姚量議，一九八三年出生，高雄師範大學地理學研究所碩士，現任財團法人畜產會副執行長。二〇一〇年首次進入政府體制工作，曾任彰化縣溪州鄉公所約聘雇員、臺灣農村陣線成員、二〇一四年魏明谷競選彰化縣長辦公室文宣部部長、二〇一六年陳文彬競選立法委員辦公室執行總幹事、立法委員蔡培慧國會辦公室法案助理、彰化縣政府文化局機要專員、臺北畜產運銷股份有限公司總經理。

「在屠宰場，是抓住之後，把雞頭跟脖子折過來，皮繃緊，一割就好了！是一個很快的過程。」姚量議描述著屠宰雞隻的過程，「一個口令一個動作，一刀劃下去，有一就有二，很快就學會了！」姚量議出生於彰化縣線西鄉，最早熱衷於環境運動（Environmental movement），但他現在卻擔任財團法人中央畜產會副執行長。訪談小組向青平台基金會暫借會議室，姚量議談及此事，發現青平台夥伴經過時，佇足下來。

說到這段轉折，他說，雖然是「雞農第二代」，這樣的場面從小看到大，也會拔毛、也能處理其它工事，但卻始終不敢面對「一刀定生死」的挑戰，直到有人找他去臺南下營區做生意，請來了一位師傅「一對二」教學，結果那個「唯二」沒有來，變成姚量議跟師傅「一對一」的對決！後來師傅專程前來，他逃不了，就選了一隻要死不活的雞，試圖降低自己的罪惡感，所以直到近三十歲德的年紀才學會殺雞這門功夫。

姚量議認為，基層工作的現場經驗帶給他很大的思考空間。首先，為什麼有人會選擇屠宰業工作？其次，這些屠宰業工作者的心態是什麼？因為他覺得屠宰業工作者其實是替所有人直接面對了一個生命的死亡。第三，為什麼大眾嫌惡屠宰業這種工作？「屠宰業有三個東西是我們日常生活會厭惡的：一是血水、二是動物油脂、三是糞便，但這些都是一個生物個體必備的要素，偏偏我們在面對肉品的時候，要把這三個要素都撇除！屠宰場人員其實是在替大眾解決所有人最不想碰觸的污穢工作，經過那些處理後，我們才能吃到乾淨又新鮮的肉品，但大家卻認為從事屠宰業的人既骯髒又缺乏社會地位。」姚量議感嘆，「其實他們是一群非常辛苦的工作者，在那種高溫、高濕的環境下，既不通風、又嗅聞惡臭，最難過的是他們又得背負社會大眾對他們的歧視」。

之於屠宰業，姚量議認為，政治工作裡，「情緒」也是大家不想碰觸的東西，因為大多時候，政治工作者都在處理決策者的情緒。」他進一步解釋，「在資訊充分下，每一個理性個體的決策會一致，但問題就是資訊不太可能充分。尤其是政治圈的運作。」

「你說什麼叫做『喬』？喬，就是你看我面子，有關係找關係，沒關係製造關係，那些過程不盡然不理智，但政治人就是習慣把不同要素給納進去。」姚量議認為自己從政的時間不長，因此他覺得政治工作者最困難的地方是情緒的排解。

「負面情緒會造成不理智，會造成錯誤的判斷！大哭是我排遣情緒的方式，但我的哭不是刻意的哭，而是抒發壓力。」自認「情緒過得很快」的姚量議認為，「這個快是包含知道生氣、難過、哭，到思考對策，所有情緒基本上都混在一起，所以如果遇到我愛莫能助的事，我的習慣是把自己關在一個小房間裡哭一場，等情緒過了再來解決問題。」這個方式跟社會上「男人不能哭」的刻板印象相差很大，尤其姚量議的體型壯碩，身材高大，對外界來說，很難聯想私下的他會

．姚量議是雞農第二代，直到近三十歲才敢面對「一刀定生死」的挑戰。（圖片提供：姚量議）

是如此地「真情流露」。

對姚量議而言，政治有三個理念：價值領導、資源分配、人才培育，三者環環相扣。所謂價值領導是「需要長時間的個人建立，在這個底下才有資源分配」，資源分配又涉及到價值跟情感，最後就是人才培育，「三者緊緊結合，才能讓下一個世代滾動起來，延續價值的傳承。」

環境運動與基層政治的摸索

姚量議就讀溪湖高中時參加生態保育社，學習各樣賞鳥相關知識，啟蒙他對於環保意識的關懷。他笑著說，「生長在『男生要去竹科』才有前途的末班車世代，選文組會被大家歧視；」那時候的他參與科展，很熱衷生物知識的觀察，大家非常詫異他最後竟選擇文組！「其實，受到阿扁故事的影響，我的目標是讀法律系當律師。」

他曾連續三年擔任八卦山賞鷹活動「鷹揚八卦」志工，灰面鵟鷹（灰面鷲）在清明節的時候會北返，由南洋飛往中國東北，八卦山是牠們的中繼地。有一次課堂提到七十四號道路（中彰快速道路）從八卦山「切過」，他開始意識到「政策會影響棲地」，產業污染也會對環境造成破壞，他所喜歡的鳥類也會漸漸消失。這樣的心情讓他進入中山大學政治經濟系，其實也是基於他對土地的關懷、環境意識保護和對政策、參政有所「想像」的決定。

二〇〇三年暑假，姚量議參加陳水扁的「青年選戰營」，卻發現自己不太適合走「黨工」路線，「因為我感覺大家會去喜歡某些政治人物，然後要一大群人去『交陪』，但這卻不是

・姚量議在抗爭運動上學習到很多基礎作業。（圖片提供：姚量議）

我的性格。」二〇〇五年，彰工火力發電廠在古蹟林立的鹿港要準備新建工程，這件事讓才就讀大三的他重新翻閱臺灣環境運動史，「我發現彰化是一個很重要的地方，不管是一九八六年鹿港反杜邦設廠（有毒事業廢棄物）、廢棄爐渣傾倒、國光石化開發案以及一九九六年的焚化爐事件，全部發生在漁業鄉鎮線西的周遭。」當時姚量議感到無比的焦慮，「明明是立志想要做環境運動，卻對家鄉發生的事情無能為力！」「國光石化開發案」在二〇一〇至二〇一一年成為全國環境議題時，他想盡辦法從高雄回彰化去參加抗爭運動。

二〇〇九年十二月，黃盛祿當選彰化縣溪州鄉鄉長，他也是吳音寧的表哥。吳音寧與姚量議都是臺灣農村陣線（Taiwan Rural Front，簡稱農陣）的重要成員。隔年八月，姚量議就讀高雄師範大學地理研究所四年級，到溪洲鄉公所幫忙，在那裏他學習到基層行政和規劃工作，同時也瞭解公部門作業系統，這是他第一次在政府體制的工作經驗，但衝撞的是，他參加的「農陣」卻是反對《農村再生條例》的團體。

「例如，我的工作就是規劃腳踏車車道，但農陣反對農村觀光化政策。偏偏我在鄉公所就要這類型的車道。」溪州鄉在臺一線接西螺大橋，位於交通要地，需要很多類似的提案，但他提出：「不要讓旅客變成觀看式的遊覽方式，要能有更多休息定點，這樣子，觀光客對在地環境才能有更多的理解與體諒。」他語重心長地說，「這是體制外進入體制內經常會遇見的衝突跟矛盾，但要想辦法避掉不足或是把它們補齊，有時候在大框架下也沒有辦法反對這樣的必然。」

‧一路上，他都會和老一輩的人融洽相處，圖為與金門耆老鄭有德合照。（圖片提供：姚量議）

社會運動吶喊的背後

「社運是如此，政治亦是，就是一種訓練。」當時，農陣成員大多時間都參與在「國光石化開發案」的抗爭運動上，那段時期，姚量議學習到很多基礎作業，包括組織動員工作，「帶遊覽車時，前輩就會教我們這裡有幾個村、可以動員多少人，這都是非常基層的工作。」他說，「每個人都有自己的哲學，在認識人的過程當中都是一種學習。」他認為自己其實沒有很強的目的性，「就是出自於對人的關懷，交朋友的關心。」所以一路上，他都會和老一輩的人融洽相處，「不同世代在說同一件事情時，在理解上也許會有斷層，因為畢竟有不同的生活經驗，但這就是教育上的問題，臺灣的教育缺乏歷史教育，所以要在生活中慢慢去累積起來。」

姚量議讀研究所時，意識到「世界觀的養成，是憑靠身體感覺的。」兒時在線西海邊生活的他，當天氣好的時候可以遠眺中央山脈，家就在田中央的一棟農舍，路燈、柏油路也是慢慢才出現的，「我的世界觀養成是奠基於農村經驗。」農陣認為，要讓年輕世代關心農村，絕對要認識農村裡面的人、事、物。姚量議補充，「在我看來，人與人的連結才是最重要的！大家看到農陣上街頭大規模動員、有效的抗爭，但農陣成員日常生活除了跟各地自救會聯繫、討論外，每年的夏耘也是一個最重要的訓練歷程，而且是讓年輕人直接做訪調。」

有一群年輕人參與「國光石化開發案」，包含在環保署前面過夜的抗爭，「其實基礎都在訪調。」那時候，除了「中科四期二林園區內相思寮聚落及耕地保留」的抗爭外，另一群人則是拉到芳苑、王功調查乳牛場、蛋雞場與各種產業，書寫記錄後再公布出來，「田野調查的過程是很重要的基礎，成果倒是其次。」透過自身瞭解、與夥伴一起討論，最後擬出建議方向，成為訴求，「這一切是很扎實、很難得的訓練。」

「碩班與大學長達九年的時間，把握學生身分有利於學習，在社會運動現場更有正當性、理想性之外，一定要經歷扎實的訓練作後盾。」

提到太陽花學運的角色，姚量議被媒體報導為——「搶林飛帆麥克風的雞農哥」。他苦笑，「我當時已經投身養雞事業，其實沒什麼參與其中，只有三天時間留在臺北。我臨時接到『要擔任林飛帆保鏢』的任務，因為他與我有一定的信任關係，還有我的身材優勢、熟練的群眾抗爭經驗和舞臺控制的技巧。」媒體上看到的是姚量議搶麥克風，「在運動代表等待江宜樺的過程中，我擔任的是麥克風手職務，要負責控制現場行動和秩序的人。很多社運前輩曾分享，大部分的暴動通常都是安排好的，所以做一個控制現場的人就是要讓所有人的行動一致。」當時，林飛帆講完後，他順勢接下麥克風繼續場控的工作，卻被媒體解讀成「搶麥克風的雞農哥」，媒體播出去的畫面和現場的理解「是完全不同」的，隔天某報寫一篇「像是劇本型的報導」，媒體就開始追，「堵我麥克風做現場連線等，但我就是拒絕了！」

專業與價值取捨

二〇一四年，經由前彰化縣文化局長陳文彬的介紹，姚量議遂投入彰化縣長的輔選工作。早上七點鐘起床，「剁雞肉、包裝，近中午時稍事休息一下。下午一點再前往競選總部待到午夜，隔天七點再起床。」這是當時姚量議每天的行程。姚量議直白地說：「因為我們有相同的信念！剛好有適合的時機和人脈，接觸了地方政治的範圍，於是慢慢進入這個系統。」這幾年，姚量議擔任立法委員蔡培慧法案助理、彰化縣政府文化局機要專員和臺北畜產公司總經理，「上述工作都是政治考量的安排，我的人脈跟專業也剛好嫁接在裡頭。」

在不同工作場域，如何和人保持良好互動？「主管都蠻信任我的，三十歲之前有很大的成份是學習，被賦予核心的工作，我認為是最幸運的事情。三十歲之後我也改掉過往懶散、容易拖延和猶豫的個性，當了主管之後也更有主見。」

「尤其在畜產公司更可以看到我的改變，當然，想法都要有專業當作基礎。」一上任臺北畜產公司總經理時，馬上被資深同仁「考試」，「我靠著雞農二代的經驗、謙虛面對自己不足，更努力不斷學習才漸漸站穩。」他承認，年紀輕輕坐在高位，會有很多雙眼睛一直盯著你瞧，「所以我更認真負責任把事情做好。」

二〇一六年十月，姚量議接受陳文彬邀請，

・要讓年輕世代關心農村，絕對要認識農村裡面的人、事、物。（圖片提供：姚量議）

擔任機要專員。當時「彰化老屋連環拆」事件，讓他盤整出以下兩個思路：

第一、確認理想跟政治的差別：「行政機關當然要依法行政，看要送件資料的完整性，判斷是否為歷史建築？還是，局處先考慮執行結果會不會被罵？」大家只看結果，明知道資料審查結果無法通過審核，就會發生價值取捨的衝突，最終走向符合民意的期待，最後，政治人物得扛下所有的政治責任。

第二、這個建物是否有保留的價值：「不只是涉及地皮開發，也會連動都市計畫，盤根錯節的關係十分複雜。制度缺失不僅造成審查的扭曲，也會造成最終結果的扭曲。」這也使他學到許多教訓，認識社會運動者與政府角色的差異，也意識到解決問題要回歸完善的制度，而不是去期待「人性本善」。

農村與都市的連結者

對於給青年參政的建言，姚量議低下頭，深思一會說：「最單純的初衷或是理想，本來就是必備條件。政治工作者即使不發聲，都處在面對問題、預測問題的處境中，大方向是解決人民的問題。」

「當一個政治工作者，會讓人擁有很多的資源、很多媒體的注目，麻痺之後會覺得自己高高在上，不過再怎麼樣，也終究要回歸到一個人的生活。不能因為周邊幕僚幫你解決問題，就因而失能！當你還沒有進入政治核心、還沒有扮演權謀的角色時，很多時間你都在處理人的情緒，那時會有很多的『眉眉角角』，所以初期進入政治圈要注意各層面的關係，這也是幫助解決問題，但也有很多時候是為了鞏固政權。」他承認，若是因此耗盡個人的體力、腦力，「這樣就有點可惜了！」

姚量議也分享他的「家庭顧慮」：「政治工作者能否兼顧到家庭？這是很核心的問題。政治工作者有太多的工作在『非上班時間』，你得要去跟人互動、討論；如果參與政治，會無法參與孩子的成長。」他坦言，政治工作者的另一半是很可憐的。在他的觀察，「很多人的婚姻關係、家庭關係是假的，我如果要複製過去政治人物的工作模式，丈夫、爸爸的角色就會被犧牲掉。」

現年三十五歲的姚量議，最遠大的理想是「有一天能成為心底最景仰的吳晟老師——做一位農村連結都市的重要地方仕紳，把產業、人民、土地都緊緊連結在一起。」如同幾年前時的他在臺灣農村陣線的體悟，「一定要把人重新拉到田野去感受、理解，才會變成生命的一部份。」最後，他豪氣萬千地說：「當然，總有一天，我會回家去養雞，大家要買我的雞，還得排隊！」◆

千山偏往，萬水獨行

——專訪高閔琳（高雄市市議員）

撰文者／宋致誠

高閔琳，一九八二年出生，臺灣大學國家發展研究所碩士，現任高雄市議會第三選區市議員。二〇一二年首次進入政府體制，曾任青年國是會議全國代表、行政院青少年諮詢小組召集人、逆風行腳共同發起人、二〇一〇年陳菊競選高雄市長辦公室秘書、立法委員鄭麗君國會辦公室研究員、青平台基金會會務總監、二〇一六年高雄市議會第三選區市議員參選人。

走進高雄市議員高閔琳的服務處，彷彿來到一間設計公司。

實木隔板搭配霧面玻璃，隔成一區區獨立的工作空間；牆上點綴幾幅不同的現代風格畫與海報，其中一張海報貼在木質鑲嵌櫃上，海報裡三名提著公事包的人攜手相連，寫著 *nous somme le pouvoir*（法文：我們是力量）。

談到辦公室的設計，高閔琳的眼睛散發出無比的光采，「我希望給民眾一個全新的想像，讓他們來服務處的時候，感覺自己不一定是處理『不好的事情』！從服裝到視覺空間，給市民朋友、鄉親和來這裡的工作夥伴一些刺激。」

帶頭的破壞王

不甘於現狀，是高閔琳的人生寫照。高中時

・高閔琳奔走，為社運團體發聲。（圖片提供：高閔琳）

期就讀基督教學校，打破學校指定的傳統，她組織同學以「聯合競選」的方式參與班聯會選舉；大學考上臺灣大學昆蟲學系，本來只想好好過一個安於現狀的大學生生活，但專心玩樂團又醉心藝文的她，卻走上了政治路。

二〇〇四年總統大選過後，環繞著「選舉公平」的問題，社會上也發生了許多衝撞。獲得連任的總統陳水扁安排一場在西門町紅樓的對談，聽取學生代表們的意見。跟其他關心公共議題的同學們一樣，高閔琳在這個機會下參與了改革。

受到時任青年輔導委員會主委鄭麗君的提拔與帶領，高閔琳持續投入青年國是會議，進入行政院擔任青少年諮詢小組召集人，對政府提出政策與建議，這些經驗使得政治同輩只要一提到青年參政四個字——「就會想到高閔琳！」

二〇〇六年大學法修法，正逢臺大學生會選舉，眼見候選人對此觀念的貧乏，她決定站出來延續臺大改革派香火的理念，並投入學生會長選戰。作為歷史上少見的研究生候選人，缺乏奧援的高閔琳把自己的精力與時間，「百分之兩百」地投入選戰之中。每天在網路上、校園各處擺攤，與同學做議題討論，拜票行程從日到夜不間斷，十幾棟宿舍，每棟至少跑三次，一間一間敲門，跑行程跑到頭暈：「咦，這間來過了！」但最後居然爆冷門，成功當選學生會會長，「學生時代就被使命感養成了某種程度的能力，所以我找幕僚，有時候還會忘記大部分人沒有這段歷程！」

二〇〇九年，就讀研究所的高閔琳時逢論文寫作瓶頸，但收到朋友邀請她加入陳菊競選高雄市長的陣營，幾經考慮後，她決定暫拋學業、南下幫忙。剛開始，整個核心團隊只有四個人，高閔琳負責主管文宣、網路以及所有青年所有相關事務，比起擔任學生會長，這是一份更辛苦的差事。白天處理新聞，晚上陪年輕人「搏感情」，在臉書還沒風行的年代，她開始為陳菊經營臉書粉絲團，面對國民黨與民進黨脫黨同志的夾擊，陳菊最終仍艱苦贏得了那次選戰。選後，眾人「論功行賞」時，高閔琳卻放棄加入市府團隊，選擇回到學校，繼續寫論文。

「我一直被找去做事，但我就一直裝死，叫他們不要吵我。」年輕的高閔琳別無所求，初心僅想為臺灣打一場美好的仗而已。於是下定決心去回應「內心的渴望」——朝自己的法國留學夢努力。在短短的時間內，她展現過人的毅力，每天用法文寫日記且同時在不同的地方學習法文，一下子把自己提升到「別人需要花很久時間」才能達到的語文程度。

追逐理想　捨棄夢想

出國夢近在咫尺，但「人算不如天算」，二〇一二年，鄭麗君代表民進黨當選不分區立委，立刻邀請高閔琳擔任助理乙職。面對曾提拔過自己的學姐，高閔琳回憶道：「從她一當選立委，我們這群人就是第一批國會辦公室助理，誤上賊船了！然後鄭麗君還說，沒關係，妳可以來這邊準備妳要留學的事情！」

慢慢地，她在立法院與執政黨交鋒的過程當中，逐漸看見「國家在方向上的錯誤」，她深刻感受到，「真的就是要統一了嗎？那這樣對我這種『從小有著臺獨意識』，本土意識非常強烈的人來說，真的是沒有辦法接受！」擔任國會助理這個工作，對高閔琳這個身經百戰的人來說「壓力不大」，但忙碌的行程卻讓她沒有時間準備留學的事。因此儘管仍懷抱著出國夢，她卻重新開始思考「要以何種定位與角色來參與臺灣民主的發展」：「若那個時間點我在國外留學、在塞納河畔喝咖啡，但在臺灣的夥伴、那些還在奮鬥的人，無論是我的前輩或後輩，我都一定會過意不去。」

面對抉擇的關卡，高閔琳向老長官陳菊請益，「高雄需要人才！全臺灣所有的人才都集中在臺北首都，但是南部也需要人才，希望閔琳妳可以回來幫高雄多做一些事情。」這些話深深觸動她的內心深處，一個念頭閃過：「也許我可以作一個開啟者？」於是她把出國留學計畫往後延，「我發現自己很多就是像這樣的情況，作一個開啟者的角色。」雖然開啟工作很辛苦，甚至是孤寂，但她卻義無反顧地堅持著。

・高閔琳回鄉為自己居住的地方奮鬥努力。（圖片提供：高閔琳）

一人苦撐出希望

向鄭麗君告別後，高閔琳接受陳菊的邀請，南下回到母親的故鄉岡山參選第二屆高雄市議會議員。再次回到高雄的她立刻發現現實遠比想像中得更為艱難；人們認定她是從臺北空降的參選者、連同陣營的人馬也感到疑慮，甚至是排擠她；因為若她當選，意味著「可能會擠下另一名參選者」，所以剛開始拜票的時候，地方上的人「大部分是拒絕的，」差強人意的狀況是虛與委蛇、敷衍居多，但更多的人卻是連好臉色都不給她看。

沒有團隊的她自己開車上山下海，「文宣自己弄，照片也請朋友幫忙拍，每天我都拿著名片或文宣卡到這個『全高雄最大也最鄉下的選區』到處拜訪，逢人便說，你好，我是高閔琳。」雖然一切百廢待興，凡事必須親力親為，但不畏苦的她仍然堅持下去。

山不轉路轉，她意外發現大學四年「昆蟲系」的背景竟然派上用場。「我發現跟選區民眾開始產生交集，是在『農業』方面的事情！」在一次拜訪地方黨外前輩的時候，旁邊一名農民阿伯就很認真地跟她討論「生物防治（Biological control）」的事情：「那時我突然覺得，哇！我們在課本上講的事情，這些阿伯怎麼都知道、都這麼厲害？跟我講生物防治，那個蟲怎麼樣、那個又要怎樣放養，我真的有被感動到！」於是就從這些零星的話題開始與地方農民產生了互動。

見面三分情。來自臺北的高閔琳在高雄深深被當地的真實情感所打動，並熱愛這一片土地，「走過一次他不理你，走第二次還是不理你，走到第十次的時候，他自己會不好意思。」明明知道握手的對象其實是支持其他陣營的，「甚至根本就在講自己的壞話啊！」但她的真誠卻慢慢感動他們，「久了，他們的態度也會慢慢軟化，對你有好感。」但那是一個很漫長的過程，「從反對妳、不理妳、擺臭臉、酸妳，到開始提供一些訊息給妳。」

此外，「高閔琳的高學歷」對地方選舉來說也是「大大加分」的一環。對地方早期參與黨外、民主意識比較高的前輩而言，他們喜歡看到年輕人回鄉為自己居住的地方奮鬥努力，有的人還跟自己的孩子誇獎她說：「你看看，高閔琳，臺大畢業，你以後擱愛尬伊同款（跟她一樣）喔！」

因為「地方」很複雜，有黑道流氓，「我的對手可能也會有他們的人馬，」但選民碰到讀書人來參選，可能他們會感覺比較安心，「說一句比較鄉土的話，就是不會去『亂弄』你。」高閔琳感嘆說：「這也是一種保護色。」

從無到有，比任何人都還早開始跑基層的高閔琳，一直到選前七、八個月的第一次民調出爐，才有了「自己可能當選」的心理準備。「第三選區要選出五位議員，我當時排名第五，不然就是第六，跟我『糾纏』的是林益世的陣營，但後來民調居然一路往上爬，最後竟衝到排名第一。」

伴隨著「可能當選」的戒慎恐懼，於是開始遭到抹黑與攻擊：「中後期的時候，國民黨就鎖定我，畢竟我若當選，他們就少一個席次，所以火力猛開攻擊我，說我買票，又上媒體、操作成一個新聞事件，然後在地方上引起很大的討論。」高閔琳問心無愧，「到現在，偶爾還有一些人以為我真的是買票，但會買票的最不可能的就是我啊！」

從天上到人間的震撼教育

二〇一四年十一月廿九日，高閔琳當選第三選區第二屆高雄市議員。選後才是真正挑戰的開始！

・高閔琳在高雄市議會。（圖片提供：高閔琳）

以高雄市「最年輕議員之姿」高票當選的高閔琳，雖然用選票證明了在地人的信任感，但她接下來必須去融入永安、岡山、燕巢、彌陀、梓官、橋頭這些幅員最大的高雄農業區。

首先，有別於一般人對高雄「馬路筆直、高樓林立」的印象，「這些過去屬於舊高雄縣的鄉鎮，仍然保持傳統的的農、漁業文化。」以溝通為例，如何在各種場合熟練使用臺語交談，對高閔琳本身就是極大的挑戰，「我在臺北長大，但我的臺語算是臺北小孩裡面『講得很好的』，但是在岡山，他們就覺得『妳不會講臺語』，覺得妳是在講什麼東西？」服務選民期間，還曾經被說過：「誒，妳講臺語啦！妳講國語聽嘸（無）。」

有一次，一位熱心的人士告訴她：「地方的宮廟舉辦活動。」但高閔琳聽不懂他用臺語說的「今天晚上（發音：暝）」，「因為臺北人講臺語的『今晚』，會說『暝』的時候也會加一個

『暝暗』，對方一直說『暝、暝、暝』，我就一直聽不懂。」類似的事情還有很多，例如「找路」這件事也常令她哭笑不得：「我對這些地方不熟，只好用導航，但有時候地區太大或地處偏僻無法導航，所以向民眾問路，但他們常常不會告訴妳路名，會說：『妳往前一直走、走、走，看到有一棵芒果樹，右轉，然後在哪邊，妳又會看到一個廟』，然後我發現他們有時候也記不得他們家的地址。」

其次，城鄉建設的差距也是一個很大的挑戰。「有一次，颱風肆虐，高雄市區幾乎毫髮無傷，但是在我的選區裡，民眾的家卻淹水淹到一、二層樓高。」她心有餘悸地說：「全區大停電，養殖業的心血幾乎泡湯，農漁業的損失慘不忍睹。」

再來，高雄縣（市）合併後的公務體系整併的問題：「早期縣政府時代『黑白舞（隨便做）』、潦草的做事態度，那些後遺症現在一個一個爆發了！所以我們也都在處理這些事。」她舉一個例子：「有一位民眾，父親過世後才發現他要繳納廿多筆土地遺產稅，但是他發現，大部分這些土地已被公家機關占用，有的甚至已經沉到海底。」由於歷任民意代表很多都是「不學無術」，「沒在跟妳講道理的！他們就是魯莽、拍桌，」若是想用理性討論的方式，還會被民眾酸：「妳不會做議員啦！」面對這樣的無奈，「還有的公務員，即使有辦法，也會跟你說沒辦法。」

最後也是最棘手的問題就是「助理的招募和相處」。自小在都會區長大的高閔琳，雖然具有豐富的人際互動經驗，但快速的工作步調在偏鄉地區竟然變成「無用武之地」，「地方助理大多都是『年過花甲』的阿伯、阿桑，開會就成了我另一個痛苦深淵——對我來說，應該要半小時開完的會議，就慢慢發現，助理跟不上我的步調，也無法持續去針對一個議題進行討論，」她嘆一口氣，「話題就會一直岔出去！岔出去就有人會開始『演講』，因為他們互別苗頭，『不行！我不能輸他，我也是很厲害』，但其實我只是要『對行程』而已。」然後可能對完一個行程都要花上兩個半小時。」

雖然她一直持續招募在地青年的加入，但很遺憾總是沒有人願意加入。這情況也凸顯了高雄人口外移的嚴重問題。「當選後第一年，覺得很挫折。第二年也是很挫折。我心想，怎麼會這樣？第三年，我覺得快要崩潰了，心裡吶喊著：這該不會是常態吧？」幾近崩潰的她，直到今（二〇一八）年才想通：「陳菊市長為什麼要把我找回來？某種程度上，也是因為高雄找不到合適的人選；還有，我回鄉服務是為了什麼？不就是希望『培養出更多的青年跟我一樣願意回鄉打拼』或『高雄的孩子能夠在高雄工作』嗎？」於是她理出頭緒，繼續往前邁進。

創造地方包圍中央的新想像

要解決這些沈痾已久的困境，發揮議員本來應該有的功能，高閔琳認為正本清源還是在於選舉制度的改革，「透過制度的設計，我們讓選舉變成是真正的選賢與能，而不是變成一個軍備競賽。」她認為第一個可行的方向是「比照日本的公費選舉」，不用再掛看板，改放一個佈告欄，大家用抽籤來決定位子；這也不會影響市容，也不會想說「我沒有錢，所以需要政治獻金」，然後又去找誰募款，募了款以後又想「以後欠誰的情，他叫我做什麼非法或是奇怪的事也沒辦法拒絕」的情況，她認為從這制度開始改變起，久而久之就能杜絕地方黑金。

第二個可行的改革方向是「國家應提高議員的補助費」，尤其是當許多民眾「誤解議員領取高額補助費與退休金」之際，高閔琳面對的卻是經濟財務方面的困難：「我每天實際的開銷已遠超過我個人加總起來的補助跟領取的本薪，這樣的情況不只連我都照顧不好自己，也無法照顧第三選區的民眾，我不是要求什麼大富，但至少『因公而出的開銷』不應該要我們來承擔！」

．被議會推派擔任臺日交流高峰會代表。
（圖片提供：高閔琳）

對於這個問題，她擬定了一套「解

決藍圖」建議方案——地方包圍中央的策略：「我希望跟其他縣市幾個比較年輕的議員形成一個聯盟，針對國家某些中央政策，提出年輕世代的想法，這就是『從地方包圍中央』的想法。」她舉一個她在議會內「被推派為國民外交促進會副會長」的例子：「大部分的人都不會去做這些事情，但我既然被推派，就很樂意去執行，於是我就默默做這些交流與互動，期望國際對臺灣有很深刻正面的好印象。去年，我跟議長和幾位議員就一起到了日本，並且也獲得臺日交流高峰會的主辦權。」透過城市與城市的外交、議會與議會的外交、其他國家的姐妹市、姐妹會交流活動，「我相信，累積到了一定的能量後，就可以帶給中央政府一定的壓力。」

花大把時間與經歷投入在非傳統地方議員會做的事情上，「難道地方民眾不會有意見嗎？」對於這樣的質疑，高閔琳眼神閃爍著光芒，自信地說：「在地方上，我覺得我就是個異類啊！但是因為我真的跑得很勤，勤到地方上的人可能都不會有意見了。」關於這一點，她回憶起首次站上質詢臺質詢市長的情景，幾乎沒有在講地方的事，全部在講多元成家，「我質詢說：陳菊市長，您說高雄市是一個人權的城市，您說相愛是人權，然後接下來我就開始了，」她大笑，「他們覺得我真的是太屌了！之後，秘書長與一些前輩很好意對我說，閔琳，妳的主張是很好，我們都不反對，但是可能對妳自己會有影響，是不是多講一些地方的事情比較好？隔天去跑攤，里長就指著我鼻子開罵，妳咧舞啥毀，歹尬我黑白舞這。（妳在幹甚麼？不要隨便弄一些有的沒的！）」

面對多方壓力，高閔琳仍選擇堅持自己最初的信念：「我覺得這是一件不容易的事啦！因為有很多現實考量，有可能因為這樣而流失選票，這也無法估算，也可能會因此落選，落選了的話，又要怎樣實踐自己的政治理想呢？」她矛盾地說，「如果選民一直期待我們要『跑攤』，那我們勢必就要趕行程，但我同時也在測試他們，『如果我不這樣做，會怎麼樣？』所以結論就是互相要有一些改變。」她認為，「所以一定要有一些像我這樣、或更多像我這樣『不太一樣的』、不是傳統在地或接班的人、或者是有新思維的人進入到地方體制，才能做一些創新與改變。」

即使孤獨也要當開拓者

對擁有新思維且也想投入政治體制的年輕人，高閔琳建議：「首先，我覺得要有一個很強大的意志力。當你遇到任何困難，甚至所有地方人都反對、排擠你的時候，還是要有意志力與韌性去撐過風波，或者是堅持住你要主張的事。如果你堅信主張的事情是正確的，而且是對公眾有利之事，那就一定要堅持到底。再來就是要有理想，之後就是去實踐它。這些想法與堅持，是我從十幾年前到現在都沒有改變過的！雖然很辛苦，但要知道，實踐本身就是會遇到很多困難跟障礙。」

最後，高閔琳對自己給一個總結：「我存在選區的意義，最有可能的就是我真的跟別人很不一樣！」即使地方上很多人不看好她，稱她是「水土不服」，也有人戲謔揶揄她，要不要去法國當議員？對此，她依然堅持年輕時的初衷，「走在寂寞的長路上，即使是個孤獨的開拓者，仍不改其志、堅定前行。」◆

註釋：

高閔琳順利連任（二〇，九七五票；得票率十四・五八%；應選五席第四高票）。

天王子弟兵的返鄉路

——專訪陳光軒（苗栗縣縣議員）

撰文者／楊盛安

陳光軒，一九八五年出生，南臺科技大學管理與資訊學系畢、交通大學客家社會與文化研究所研究生。現任苗栗縣議會第五選區縣議員。二〇一三年首次進入政府體制任職，曾任二〇〇八年謝長廷競選總統臺南市競選總部青年部執行長、府城新文化學生工作隊隊長、臺灣維新基金會董事長謝長廷隨行機要、社團法人臺灣長工會理事、中港溪青年工作隊召集人、頭份老戲院復興運動發起人、捍衛苗栗青年聯盟共同發起人、立法委員吳宜臻中港溪辦公室主任、苗栗縣縣議會民進黨黨團總召、二〇一八年苗栗縣議會第五選區縣議員參選人。

二〇〇九年，彭紹瑾披掛綠營戰袍參選新竹縣縣長，選前之夜開場已經超過十分鐘，但舞臺卻一點動靜也沒有！

屬於活動規劃的長工辦公室成員們，在臺下屏息以待，但其中有一位年輕小夥子，發現了這一絲絲「不對勁」的異狀，馬上一個箭步、衝到後臺去瞭解整個狀況——

「迅速了解之後，我發現競選辦公室的認知和我們不一樣！辦公室的人認為長工辦公室應該要負責場控工作，但這與先前的會議決議不同！」

現場人聲嘈雜，一時半刻無法釐清責任的歸屬，這位年輕小夥子說：「今晚有購買廣告破口，所以新聞臺晚上八點五十分直播候選人進場的畫面。」最後迫於時間壓力，他們重新協調流程，和登臺者一一解釋並致歉後，長工們拿著手機和碼錶對準時間，手上緊握流程單，「最後、終於、準時、趕上直播進場！」搞定這一切，至今仍覺得非常有成就感的那位年輕小夥子，就是陳光軒。

當年的陳光軒，年紀輕輕，廿四歲，是謝系的子弟兵。二〇一四年十一月當選苗栗縣第五選區（頭份鎮、三灣鄉、南庄鄉）縣議員，並以第四高票（七四一七票）贏得人心，同時也是民進黨該選區唯一的當選人。

南臺科技大學的「衝組」

陳光軒的政治傾向深受家庭的影響。小時候跟著爸爸、媽媽看新聞，聽他們講論中國國民黨的事，再加上父親也熱心公益，經常協助選舉的事情，所以儘管年紀小小，但民主意識的種子便在他心中慢慢發芽。

大學時期，陳光軒就讀南臺科技大學。「百萬人民反貪倒扁運動（或稱：倒扁紅衫軍運動）」在他眼中是「兩大黨的惡鬥戲碼」，也因此與政治活動保持距離。二〇〇七年，林智鴻在臺北謝長廷競選總部青年部工作，請陳光軒負責成立臺南地區志工團，於是他找了幾位同學一起組了一個「臺灣維新青年志士團」。

起初，「臺灣維新青年志士團」印製傳單在南臺的校門口發送，後來又串聯了臺南大學、成功大學、嘉南藥理大學、中華醫事科技大學及真理大學的在校生，於「三一六百萬擊掌逆轉勝」活動中，成功地號召超過百位年輕人齊心參與！這也是陳光軒「人生的第一次」掌舵的組織戰。

那年選後，核心幹部群也沒有解散，並持續以「新文化學生工作隊」在臺南府城耕耘下去。

雖然年紀輕輕，但當時陳光軒卻頂著「執行長」頭銜，他說：「那時候他們賦予我一個虛名：謝長廷競選總統臺南市競選總部青年部執行長，執行長這名稱聽起來很崇高，但其實讓我很不好意思。」

但「執行長」這個頭銜不是浪得虛名，因為陳光軒早在「三一六百萬擊掌逆轉勝」活動之前，他就已參與鄭麗君等人發起的「逆風行腳」，「一月的國會改選，國民黨已在立法院取得絕對多數，假使國民黨又拿到中央執政權，我們擔心一黨獨大，民主體制會再度失衡，所以希望藉由『徒步』的方式，讓人民看見本土政權鞏固民主的決心、獲得延續執政的機會。」逆風行腳團隊從臺灣尾走到臺灣頭，歷經廿多天行程，前總統陳水扁、前副總統呂秀蓮也特地前往自由廣場（舊稱中正紀念堂）擊掌迎接。

在政治活動外，陳光軒也關注社會議題——他曾任「中港溪青年工作隊」召集人、頭份「老戲院復興運動」發起人，同時也在

· 陳光軒成功為損鄰災戶爭取到一棟新房子。（圖片提供：陳光軒）

苗栗「大埔事件」、「華隆自救會抗爭退休金事件」、「野草莓學運」等社會運動中擔任關鍵要角。

地方百態　考驗心智

擔任縣議員，在「選民服務」這方面有很多案例可分享，「從頭份交流道下來，有一棟十幾樓的建案，」陳光軒緩緩地說：「因興建工法的缺失，造成附近六戶房子不同程度的損鄰傷害，其中有一戶房子的傾斜最嚴重，我們每次去找建商的時候，他們雖口頭答應要『扶正』，但卻一延再延。」

「更離譜的是，建商一邊回應我們，但一邊卻又繼續施工，讓這棟房子更加傾斜！這家人只好搬出去到外面暫時租房子住。這種情形下，我要求縣政府工商發展處處長必須主持會議，邀請建商老闆、營造老闆、陳情人與會，同時協同建築師、結構技師、土木技師等相關單位進行共同會勘。」

最後的評估是「該物件救不回來，得重新蓋一棟還屋主」，陳光軒繼續說，「會勘、協調會是地方服務常見的處理形式，因為召集不同立場的各方代表，要形成共識更需要經驗與技巧。後來，我們替這棟損鄰災戶爭取到一棟新房子、開立四張兩百萬支票（合計八百萬元）；工程每完成一個階段，我們會退兩百萬給建商，並限期九個月內完工並兼顧安全品質，在我們服務處也要每星期召開此案件的協調會。」

「當兩邊的互信基礎薄弱時，若是我們沒有搭建一個平臺去處理，隨時都會擦槍走火！」因此，拉高出席代表的層級是方法之一，「協商過程中，站穩立場與鍥而不捨的態度更是成功的關鍵。」

除了這類「較棘手」的服務內容外，每天也都有「小事情」發生，「在服務處，我們每星期都會提供免費的法律諮詢。有一次，一位老人家一進來就告訴我們說，他上次是投給國民黨，但現在有事情想請我們幫忙，不知道可以嗎？」對陳光軒來說，其實這些「開場白」都是多餘的，陳光軒坦言，他不在乎陳情人的背景、政黨傾向、所屬選區，「面對地方事務案件的原則，就事論事，該

· 陳光軒位於頭份服務處，按部就班在白板寫著本屆任期推動事項。（攝影：楊盛安）

怎麼辦就怎麼辦。

這類法律諮詢服務，輪班的義務律師會提供民眾一些專業的意見，「我則是向公務機關反應，努力找尋解決的方法。」也曾經有另一位老人家「原先找A，跑錯服務處，同仁還是接下陳情案，解決之後，那位老人家居然轉而支持我！」這些經歷更讓陳光軒了解，「平常的服務很重要，但是不能單靠熱情、熱忱，也要靠專業能力。」

曾為臺南戰友的彭恭偉說，「我始終認為他是一位青年才俊，我相信陳光軒對於苗栗的理想不變，也充滿熱情，他歷經新聞風波後一定有所警惕與反省。我憂心的是，他未來在處理選民服務案件的時候，心理不知會否受影響，以致干擾其判斷，另外，民眾對他的觀感是否改變。」身為十多年的朋友，彭恭偉如此關心著陳光軒。

觀其室內，陳光軒頭份服務處三樓的辦公室中，書櫃裡擺滿了歷次案件紀錄的資料夾，窗邊的五張高腳椅堆滿預算書與計畫書。身後白板上的密集資訊，包含就職一千二百九十七日、服務案件二千八百零四件、爭取經費三千二百零一十八萬五百四十三元以及六位法律諮詢輪值律師的姓名。

白板中央寫著本屆任期推動事項，包含勞工權益扶助辦法、消防救護車收費執行要點、新設立畜牧場管理自治條例、登山活動管理自治條例、苗栗縣行道樹修剪作業規範、大型群眾活動安全管理自治條例、議事透明化（議事直播）、頭份交流道隆頂街匝道分流工程等八項。前面五項縣政府已頒布，第六項已三讀通過，其它事項則按部就班持續進行中。

白板下方擺放的是兩次選舉的面紙文宣與電影《太陽的孩子》明信片，右上角是勝選倒數一百三十二天，充滿「選戰時間感」！陳光軒的字體工整，帶有書法行草風格，陳光軒靦腆的說：「小時候有學過書法，現在送給喪家朋友的輓聯也都自己親自寫。」

返鄉「小屁孩」大作戰

長久以來，苗栗的政治環境不利青年投入，即使有也是「政二代」、「政三代」的接班人選；或擁有雄厚背景、充沛的資源的在地青年。陳光軒回到苗栗參選縣議員，年僅廿八，但在政治圈已有六年資歷，即便如此，地方人士仍將他視為「異想天開的小屁孩」，「我沒有家族背景，地方人士認為我參選，根本是一場鬧劇！」那時候都是他一個人到各地拜訪、站路口、去人多的地方露臉，「直到有一天，突然有一位長輩把我拉過去要跟我說話，我還以為做錯事，結果他跟我說，『觀察你很久了，真的很認真用心，有需要可以跟我說。』許多人一開始沒有動作，其實是在默默觀察。」參選新人必定要經歷沒有奧援的日子，意志與抗壓力是一大考驗。陳光軒認為，「政治是實務經驗的累積，以及是否願意在地方深耕？才能進而創造出自己的價值。」

・服務處入口擺放的古董膠捲放映機，就是東聲老戲院老闆徐琳彬致贈的禮物。（攝影：楊盛安）

陳光軒之所以決定參選，其實背後有一段感人的小故事。

二〇一二年，民進黨在總統大選敗選，謝長廷向擔任隨行機要的陳光軒說：「接下來，是你們的時代了！你的人格特質適合挑戰民意代表，你找時間擬定參選計劃給我看看。」

當時，陳光軒對老闆欽點參選有一點意外，「既然獲得院長的肯定，就認真規劃了三個月。」但謝長廷認為部分的想法「不失天真，但大致內容仍可行」，於是鼓勵他努力嘗試。

參選時，陳光軒致力於改變過往的選舉文化，「鄉下常見的選戰方式大概是炒米粉、插旗子、跑宣傳車、買票、綁樁腳、招待旅遊、造勢晚會……等，我的選戰方式則是主打『不插旗、不綁樁腳、不招待旅遊、不舉辦造勢活動、不買票』，甚至連炒米粉都沒有。但是，我舉辦『仲夏音樂節』、推動『老戲院復興運動』。」別人質疑陳光軒的參選方式「過分樂觀」，但他堅信「只要專注認真於一件事情，回饋的力道必然十分強烈」，後來當大家開始重視這件事情，「它就會產生質變，如果民意基礎夠的時候，就足夠跨過某個門檻，民意就有了代表性。我在體制內發聲，運用職權讓它改變，耐心等待質變成真。」這是陳光軒的實戰心得。

陳光軒認為，一座進步的城市，不只是追求經濟發展，連藝術、文化、體育各個層面環環相扣，才能稱為是一座進步的城市。」之所以會關心老戲院的生存問題，是因為某天他在報上看到一則令他感動的報導：「就算只有一個人上門，電影還是會繼續放下去。」他發現這家戲院是他童年時期常去的「東聲戲院」。

「那也是許多苗栗人共同的回憶。」東聲戲院的業主是一對夫妻，年屆八十，「不論盈利都不計較，仍正常上工。」於是陳光軒以「中港溪工作隊」名義，號召有感動的人一起來關心這件事，也讓大家明白戲院經營的危機。「幾次活動辦下去，客源回流三成，」老夫妻心存感激，「後來我當選議員後，照常關心他們的狀況，」後來老戲院仍不敵新開幕的影城，決定讓腳步停留在一甲子的時間，」因此最後一場放映時間就選在二月廿八日晚上，盛大舉行了「再見，

・年輕的陳光軒在苗栗縣議會問政。（圖片提供：陳光軒）

東聲老戲院」活動，正式吹熄燈號。

「東聲戲院是文化產業的一部分。當我看到戲院老闆和老闆娘的年紀那麼大，還堅持那麼久的歲月，把放映工作視為他們的志業，懷抱一份使命感。」陳光軒想要告訴地方上的年輕人，「哪有什麼理由不出力！」後來服務處入口擺放的古董膠捲放映機，就是老闆徐琳彬致贈的禮物。

「劉政鴻卸任時，苗栗縣負債六百多億，新任縣長如何改善財政赤字？是我第一次質詢的議題。」陳光軒坦言，「剛進入議會也會忐忑不安，共事者多為連任多屆的議員，有人的年資甚至比我的年紀還要大。」

「不會因為在議會是少數黨就放棄監督，曾任官員與代議士都必須要負相當的責任；而接任縣長的徐耀昌竟然還留任財政處長跟主計處長，」他向徐耀昌提出五大問題，「縣長要把苗栗帶往什麼方向？提出財政赤化的解方？有無任何償債計劃？有沒有咎責負債的必要？財主單位有無過失？」他氣憤的原因很單純，「財政、主計單位是造成縣政困難的幫兇，徐耀昌的留用之舉要縣民怎樣相信苗栗財政會好轉？」也因此，陳光軒盡他所能地監督縣政、提案訂立地方的自治條例與規約，更凸顯議員職權的價值。

對於技職體系，陳光軒也有一番見解，「技職體系出身進入政治圈，的確是少數；但能在這樣艱困、惡劣的戰場生存下去，就表示學歷和背景並不是絕對的要件，只能說，學歷和背景學識、知識上的輔助。」他曾告訴新文化營隊學員：「只要直接跳下去一個月，就會發現政治實務經驗遠比學術理論來得重要。」但是，若學術理論作為參政輔助，或許會有更多心得。「其實適應力反而比較重要。有些人是該領域的資優生，但是無法適應政治現實的框架，建議別入行。」

陳光軒目前是交通大學客家社會與文化研究所的學生，「苗栗是客家大縣，我是客家人，也會講客家話，但在面對地方長輩時，在文化面與歷史面仍有所不足，身為家鄉的民意代表，我想結合現實與學術，整理出相關的對策。」

轉換心境　努力前進

陳光軒認為政治工作者該具備的條件，以「心理素質與適應力」這兩種能力要「好好鍛鍊」，

「如果太在意別人對你的讚譽、毀謗、抹黑或批評，很容易卡在死胡同。」遇過一些風浪的他直言：「譽謗勢必隨來，心境就要迅速轉換。」他認為謝長廷院長有一句話令他非常受用，「社會如果一直爭論，將不會有結果，所以要吵架的，讓他留在原地繼續吵，我們要前進的人就繼續努力前進。」遇到質疑時，陳光軒說明立場、澄清事實；但若繼續被攻擊，「我已經學會放下執著，並且能轉換心境，堅定做事。」

訪談中，陳光軒不時提及謝長廷從一九八九年參選立委時，基於「共生」理念，提出的「臺灣優先、文化優先、環境優先、弱勢優先」四大優先理念。而對於未來想從政的年輕人，他給出一些建議：「不要自我設限，不要自我膨脹，不要好高騖遠。」陳光軒認為，近年來青年參政的質量比不上數量，「先確認自己準備充足與深思熟慮比較重要。」

新世代青年對於改變社會的能力很有自信？對此答案，他持保留意見。「若要選舉的話，出生地沒那麼重要，因為『心在哪裡，故鄉就在哪裡』，想辦法瞭解地方、融入地方，知道問題的根源更為重要，許多事情都是扣連在一起，這樣才有資格投入選戰。」怎樣才能把事情做好？「做每件事情都要非常精確，精確二字非常重要，這是謝長廷院長以前常常教我們的——唯有精確，政治路才能走得遠、走得長。」

天下雜誌第六五二期曾經報導：「苗栗縣議員陳光軒堅決不收來自企業和公司行號的捐款，

『我不希望成為綁手綁腳的議員，雖然辛苦，但我完全沒有包袱。』但也因為不收建商、企業的捐款，苗栗地方和建商有關的糾紛，幾乎都找上陳光軒。」有些代議士遇到一些案件，「明明知道該怎麼處理，卻閃得遠遠的。」他們知道沒有選票、或是怕得罪人，俗稱「屎缺」。陳光軒認為，「惟有將魄力注入服務，展現的態度將能解決更多問題。也由於我專心縣議員的工作，不從事副業；因此，很贊同文化大學法學院許惠峰院長提倡的『公費選舉制度』，這樣才能讓各候選人在公平基礎上進行競爭！」

莫忘　理想中的大人

「對地方而言，我能選上是奇蹟，當選初期他們對我也很冷淡，懷疑我的能力。我認為選舉紛爭與政治立場是一時的，平常代議士經手的事務也不全然那麼政治，我在案件的處理上也一視同仁，甚至我也會主動關心不同立場的組織團體，看能否提供什麼協助。」上任至今不敢說「百分之百幫上忙，但至少很努力」的陳光軒說，「今（二〇一八）年爭取連任，我看到有一些在四年前沒有支持我的鄉親朋友，這一次卻在公開場合表明全力支持、給我打氣加油的正面回應。」

二〇一八年，苗栗縣第五選區議員選舉，應選八席，共計有十七人登記，其中只有三位議員爭取連任。本屆候選人至少有五位未滿四十歲，除陳光軒是民進黨推薦之外，其他是披掛國民黨、時代力量與無黨籍的戰袍，就年輕一代的候選人之間，競爭尤其強烈。我們靜待開票那一夜，苗栗縣民決定「誰上誰下」。

陳光軒師承謝長廷，未來若要成為一號人物，發展自己的思想脈絡勢在必行！這也是下一個階段的成長課題。若陳光軒連任成功，外界就會卸下「小屁孩」的虧名，認可他成為獨當一面、改變苗栗的青年政治領袖嗎？

我在陳光軒頭份服務處的三樓辦公室進行訪談，回程路上，車上播放電影《愛琳娜》原聲帶，剛好傳來《憤怒的火焰》的歌聲：

你若是你若是，做工的兄弟啊！
你若是你若是，打拚的姊妹啊！
咱就來咱就要，團結做陣行啊！
奪回咱的權利，這群禽獸不饒赦！

二〇一四年七月十九日，陳光軒在頭份上公園的仲夏音樂節舞臺上，大聲唱《勞動者戰歌》，腦海是否浮現聲援華隆退休金案自救會的抗爭畫面呢？莫忘初衷，是二〇〇八年逆風行腳的核

心理念。十年後，陳光軒在苗栗的代議士路上，已經成為理想中的大人了嗎？◆

註釋：

陳光軒順利連任（三，七四六票；得票率六．二四％；應選七席第六高票）。

十年磨一劍的幕僚人生

——專訪林鶴明（總統府發言人）

撰文者／許家綺

林鶴明，一九八三年出生，臺灣藝術大學廣播電視學系畢業、臺灣大學國家發展研究所在職專班在學中，現任總統府發言人。二〇一四年首次進入政府體制任職，曾任二〇〇六年謝長廷競選臺北市長辦公室成員、二〇〇七年謝長廷黨內總統初選團隊成員、二〇〇八年謝長廷競選總統辦公室隨行秘書、二〇一二年蔡英文競選總統辦公室青年部副主任、臺灣長工辦公室副主任兼發言人、二〇一四年柯文哲競選臺北市長辦公室新聞部主任、臺北市政府發言人。

「政治幕僚生涯分為三個階段，第一個階段是工作內容五花八門的助理幕僚，像是候選人隨行秘書，純粹基層訓練。第二個階段是專業幕僚，像是發言人、新聞聯絡人，迅速累積橫向協調的能力。第三個階段是進入核心的決策幕僚，需要處理危機、情報判斷、預測動態。」從政已近身接觸三位政治人物（謝長廷、柯文哲及蔡英文）的林鶴明，西裝筆挺，流暢地整理出以上的話。

傳播系男大生踏入政治

「臺灣第一次政黨輪替是二千年，當時阿扁總統颳起前所未有的政治旋風，讓當時的南一中陷入瘋狂！」林鶴明回憶起民進黨第一次執政，語氣高亢地充滿興奮的情緒，「家裡的長輩受的是日本教育，意識型態偏向李登輝總統的『本土化』而同情民進黨。」直到後來，林鶴明讀到李筱峰教授的《臺灣史一百件大事》、李敖的《蔣介石評傳》，他才發現課外讀物與歷史課本的內容落差很大，於是在高中時期萌發對政治關懷的一面。

「考大學的時候，媽媽卻不准我填政治系。」雖很失望，但他曾經在《新新聞》雜誌上看到某一則報導整理出扁政府閣員的名單，「發現許多人的背景是傳播科系，」所以在這樣的情形下，他在志願卡填寫了新聞（傳播）科系，進入國立臺灣藝術大學廣播電視學系，「我承認自己那時候有一點『小心機』。」

大學時期，林鶴明進入新文化學生工作隊，曾被選為隊長，正式成為謝系子弟兵。二〇〇五年，謝長廷擔任行政院長，招募一批年輕人擔任工讀生，林鶴明也在其中，「那時我多半是協助處理一般的庶務工作。」二〇〇六年，阮昭雄爭取黨內提名參選大安、文山區市議員，首創「騎腳踏車插著旗子」的競選活動，當時林鶴明也是團隊成員之一。同年，謝長廷獲黨內徵召參選臺北市長，林鶴明就進入競選總部青年部幫忙。

多年來，林鶴明一直與民進黨保持密切互動，同時也參加「臺灣媒體觀察教育基金會」、「臺灣新聞記者協會」活動，結識鄭優、何榮幸、林育卉等新聞傳播圈前輩，這般的活躍迅速為他積累了社會人脈。同時，在學期間也極力培養自己對寫作的熱誠，預想未來走上記者之路，並未思及從政的可能。退伍後，林鶴明打定主意先到新聞界歷練再返回政治圈工作，但某位新文化基金會前輩卻適時點醒他：「留在政治圈歷練，其強度不會輸給其它的工作領域。」

當時面對「打完臺北市長選戰、又打算投入二〇〇八總統大選黨內初選」的謝長廷，促成林鶴明留下來的決定是基於相同的理念與支持：「謝院長要挑戰總統的位子，我沒有道理離開。」因此黨內初選階段，他就負責帶領青年軍規劃及舉辦活動；到謝長廷正式獲得提名後，當年才廿四歲的林鶴明即轉為擔任候選人的隨行秘書，「隨行秘書這個職務，就是在總統候選人身邊，

・在柯 P 身邊，林鶴明總是扮演著煞車的角色，圖為跟著柯文哲到民生東路四段勘災。（圖片提供：林鶴明）

隨時和競選總部溝通，傳達候選人的想法。」笑說自己比很多年輕人「更早見過大場面」的林鶴明更略帶頑皮地說，「當時我跟謝長廷院長相處的時間，比他老婆還多！」

後來，總統大選敗選後，謝長廷藉由新文化基金會的運作維持政治聲量，展開許多突破，政治視野也從政黨發展、國內選舉轉移到兩岸與國際關係上。當謝長廷前往香港、北京、上海、美國、倫敦各城市智庫暢談兩岸關係時，林鶴明亦隨行於側。

幕僚的受教點滴

外界對林鶴明的評價多是謹慎不犯錯，關於這一點，林鶴明說：「這是謝長廷訓練出來的成果！」謝長廷對幕僚的養成是一段相當嚴格的考驗歷程，「我們常開玩笑說，謝氏家訓是精確——講話要有邏輯、報告事情不能用『好像』、『可能』、『也許』帶過，是就是、不是就不是，如果講話不精確，會被要求『搞清楚』再來，因此面對問題學會再三確認。這個過程中，讓我學會了避免犯錯。」

二〇一〇年，謝長廷派林鶴明和幾位幕僚幫蘇嘉全競選臺中市長，「我們團隊拿到一個資料是關於古根漢美術館的，是可能違法的案子，但我從來沒做過議題、法案，當時謝長廷交代我們看完資料後和他討論，但我們一整天都找不到重點，結果他說『就是違反採購法』，當下立刻醍醐灌頂！」後來，團隊密集舉辦三十多場「質疑胡志強市政議題」的記者會，「這次經驗讓我快速練就議題攻防的功夫，奠定成為發言人的基礎。」

「其實我曾經想過離開政治圈去做別的事情。因為那時候，大家都說自己是臺灣人，我們就做了字母T恤在網路上曝光，在臉書一下子就賣光！沒有想到，賣衣服的收入幾乎和我的月薪相同，」於是轉行的想法一度曾浮上他的心頭；但二〇一二年蔡英文參選總統，謝長廷又派他擔任競選總部青年部副主任，「因此打消了做生意的念頭。」林鶴明說。

但這樣短期網路行銷經驗卻讓林鶴明了解，「回家鄉投票，光高鐵費用就花三千塊。投完票後，人們只得到心理滿足感。反之，賣東西出去（衣服），再怎麼難看，付了錢還是拿到了實質的東西。」所以他悟出一個道理——「最難賣的產品就是『候選人』。」於是，在當年的總統大選中，林鶴明和其他幕僚各自發揮創意設計了選舉活動，成功引爆話題，更提高候選人在年輕族群中的能見度。

不好當的政治化妝師

蔡英文敗選後，林鶴明再度回到謝長廷辦公室工作，「當時與媒體有較多的互動，因此逐漸累積在媒體及新聞領域相關的專業能力。」兩年後，臺北市長選舉，是林鶴明在政治幕僚生涯的轉捩點，因為謝長廷派林鶴明去擔任柯文哲競選辦公室的新聞部主任。

「當時蘇系的李厚慶也一起赴任，柯P常對外『消費』我們說，『謝、蘇的幕僚在我這都可以合作』，但厚慶兄是我在新文化工作隊的學長，我們的感情本來就不錯。」林鶴明坦言，「在柯P辦公室雖然有前輩指引要我們做好執行面，不過總算有獨當一面的機會。」那場選戰的時空背景很特殊，林鶴明自認「打得很滿足」。

二〇一四年，柯文哲壓倒性贏得市長選舉，林鶴明和新聞部夥伴跟著進入市府工作，延續新聞輿情的任務，「雖然我的政治歷練已經有十幾年，但進入公部門真正是在這一年。」他認為「從事政治工作，最後一定要走入體制。」關鍵是在「贏得選舉，獲得為人民服務的權力並且要讓行政機關運作得更好。」這樣才能真正去實踐理想，落實服務。

二〇一七年，林鶴明接下總統府發言人的職務，「我認為自己已經進入幕僚生涯第二、第三個階段，因為發言人的工作有時候也必須參與決策過程，例如協助老闆政治判斷。」一旦當上政治幕僚，就會想要繼續往前走，「成為像邱義仁或林錦昌那樣的決策型幕僚，」他認為，當執行幕僚者可能只需要考慮今天跟明天的事情，但決策幕僚者要能夠預測下個禮拜、下個月甚至是未來會發生的事情，「如果總統府每天只思考今天跟明天會發生的事，不就完蛋了？」

回憶二〇一四年的臺北市長選舉，林錦昌曾要求「與連勝文的辯論會要有公民提問」，後來也證明了「透過公民提問，反而突顯對方的不足」這件事；而另外一場辯論，連勝文指

・有的老闆屬於保守型，發言人就要扮演「衝」一點的角色。（圖片提供：林鶴明）

控柯P涉入仲介器官買賣，柯P當下拿出律師的英文回函，直接「打臉」連勝文的指控，「那是林錦昌在辯論前拿出來的。」對此，林鶴明果決地說，「決策幕僚者就是要能預測危機，甚至做好反擊的準備與措施。」

當柯文哲上任一段時間後，要決定發言人的人選，「考量柯P當選後比選前新聞會更多，他們認為要找個『比較不會犯錯』的發言人，我大概是因為『不會犯錯和比較謹慎』這幾個特質，才會被選上。」林鶴明認為發言人的工作就是「做中學」，他將市長比喻為航空母艦，旁邊有砲艇、驅逐艦、潛水艇，這些小型艦艇就是發言人的縮影；砲艇像攻擊型的發言人，驅逐艦像防守型的發言人，「發言人的風格要取決於老闆的性格，像柯P就是一個『講話很有梗』的人，那麼發言人就負責幫他『守好』，但有的老闆是屬於保守型的，發言人就要扮演『衝』一點的角色」。

林鶴明曾對柯P做一次統計，「上任一個月就上了三十幾次報紙頭版。」他覺得柯P是個急行軍，衝得很快，像「大巨蛋爭議」——每次和趙藤雄隔空對話都帶著情緒。後來市府團隊的結論是「由發言人來當罵人的角色」，這樣至少市府整體發言可以用道理來論述，媒體也不會批評成「個人的情緒化」。

在柯P身邊，林鶴明總是扮演著煞車的角色，「有時候柯P要講什麼話，我會看著他，」

柯P曾經跟主播陳雅琳說，林鶴明是他的警總，「因為我會對他比手勢，跟他說安捏抹塞（臺語，這樣不行的意思）；不然我會問他，你這樣講不會出問題嗎？」有段時間林鶴明非常痛恨幫柯P排專訪，「因為最累的是我，這個不行講，那個不要說，或是專訪完後，又引起一堆爭議！」林鶴明無奈地說，「不過，也因為柯P是素人，他相當尊重專業，他會說，你比我懂這些，我就聽你的。」

身在公門好修行

身為政府發言人，除了言論除錯之外，危機處理也是一個重要的課題。林鶴明舉例市府的危機處理模式，他將危機處理形容是在急診室中，「在問題發生的時間點，把所有的關係人找來，先將問題還原，才能知道危機的範圍。釐清問題、了解危機的全貌後，再討論如何進行危機處理方式，包含時間點的控制、執行人力、處理順序及後續情況的沙盤推演，擬定好方案，並得到老闆同意，」他俐落地說，「切勿多頭馬車，避免危機如雪球越滾越大！」

對於危機處理，林鶴明曾幫公務員上過課，「第一個要素就是誠實。犯錯不打緊，對內得開誠布公揭露問題，一旦有所隱瞞，此關過了，下一關也可能會出問題，危機便如同像雪球般越滾越大。對外，誠實的態度更顯重要，有錯要讓社會大眾了解，該道歉就道歉，早道歉一定比

・危機事件的處理，最重要在於幕僚能不能讓老闆去理解危機的本質。（攝影：楊盛安）

晚道歉好。」

「危機事件的處理，最重要在於幕僚能不能讓老闆去理解危機的本質，如果老闆只處理自己想處理的、甚至是處理他個人的情緒，就有可能忽略背後還有可能發生的危機，這是很危險的事！」他苦笑，「就像大巨蛋、美河市，那真的太累了……」。

跟公務員合作，對林鶴明來說也是一大「修煉」。柯P帶進市府的幕僚不多，早期和公務員溝通時，他會帶有情緒，讓公務員無所適從。某些場合便需要林鶴明出來打圓場，扮演潤滑劑的角色，甚至還要幫忙解決問題。日子一久，林鶴明也和公務員培養了良好的默契，爭取到他們的認同，「只要摸透在公部門的『眉角』，和公務員建立起良好的互動，你會發現他們其實是可以幫你完成很多任務、發揮極大戰力的，但如果出現矛盾的時候，就很容易變成阻力。」

目前擔任總統府發言人，系統又是如何運作？「總統府的發言系統屬於 Big table 團隊型合作模式，小英總統會把所有幕僚找來，一起討論，」林鶴明說，「每個幕僚都有各自的業務，但分管的事情仍相當全面性，府方對每個事件的發言、立場都必須經過幕僚圈的集思廣益，總統有時會挑戰幕僚的意見或逕行採納，通過集體決策的層層把關，危機通常都能獲得有效的控制！」

職場與個人價值的衝突

職場面臨千百種問題，有處理過同儕、老闆間的衝突嗎？「衝突的情況並不多，一方面是我的個性，在謝長廷辦公室的時候，因為謝院長有法、哲學背景，因此產生高度的思想論述：譬如由『共生』這個形而上的概念，衍生四大優先、臺灣命運共同體等論述，所以從新文化基金會出來的年輕人，就是奠基於該理念之上，思想也經過整合。」林鶴明坦言，「這點和其他組織派系把人才找來之後再整合的作法，截然不同。」他補充，「謝院長比我們聰明，經過幾十年的政治歷練，他已經是相當成熟的政治人物，我跟他不太有起衝突的時候。但柯P的政治經歷僅短短四年多，和他溝通比較像是『談判』，彼此會有不同的意見，這時我就要想辦法去說服他。」

「例如，選前曾經有報導刊登對柯P的一些批判，當晚他情緒激動對我說，這是假新聞！但在我看來，那是一則帶有『意識型態的報導』、並不是所謂的『假新聞』，所以我就告訴他，如何定義假新聞或假評論。」對於二〇一六年「市府要求幕僚測謊」風波，林鶴明直言，「以我個人價值觀來看，這件事情是很有問題的。當時柯P接受政風處建議，對幕僚測謊。其中一位幕僚拒絕，因此就被認為是『內鬼』，這件事情我有跟柯P爭論，他的邏輯是『你沒有做，為什麼不接受測謊？』但我認為不接受測謊並不代表真的有問題，而且本來就沒有義務要做這件事。」他同時指出，「讓年輕人從此背上洩密的罪行，是一件十分殘忍的事情，更何況並無直接證據指出他真的洩密，」最後那名年輕幕僚在飽受壓力的情況下離開了市府，「甚至還有人企圖將整件事操作成『幕僚洩密給媒體』來強化測謊的正當性，」進而引發該位幕僚強烈的不滿，也更考驗林鶴明的危機處理。

「我知道市府方面的部分處置經不起社會的檢驗，但身為市府發言人，我不只要向外界交代得清楚，也必須保護市府；在這種情形下，有記者採訪我，我就表明我的立場。那晚，柯P打電話給我，說有人告訴他，『你的發言人在打你的臉。』我就回答他，市長，你就相信我，我這樣做是在保護你、而不是在害你。」本來新聞已經逐漸淡化了，但後來週刊卻打電話來說要繼續探討這件事，「當時面臨週刊、電視臺和市府三方面的壓力，還是我還是必須想辦法解決問題。」他坦言，「那次事件的危機處理竟長達三個禮拜，在程序上，確實需要檢討。」

・林鶴明擔任總統府發言人職務。
（圖片提供：林鶴明）

不設限的政治人生

相較於多數年輕的幕僚，林鶴明擔任過許多重量級政治人物的發言人，一直認為從事政治工作需要不斷接受挑戰的他，從來沒有拒絕過別人安排的工作，「這些工作都不是我主動爭取的，所有職務安排我都是被動接受的。」雖沒有主動爭取，但他強調在工作崗位上，「自己是百分之百投入，全力以赴。」多數人對林鶴明的評價是「聽話、低調、忠誠度高、守本分」，這些特質讓林鶴明屢屢獲得「被看見的機會」。

從政之路已十餘年的林鶴明，有想過要自己出來選舉嗎？「早在二〇〇八年，謝長廷就問過我這個問題。但從那時到現在，我真的沒想過要出來。」林鶴明公認是個性低調的人，「我也重視生活的隱私，因為一旦我成為候選人，一切都得攤開在陽光下接受檢驗。儘管目前發言人的工作也算是半個公眾人物，」但他認為兩者不盡相同，「至少，發言人這個工作性質還能保有一點私人的空間。」不過，林鶴明也坦承，「很多事情很難講，未來的人生會怎樣，我自己也無法預測。」

臺灣政黨未來的發展

「正常的政黨，都必須經過人民投票選舉及獲得政治獻金，來維持基本運作。」林鶴明這樣認為，「這又回歸政黨的經營，不管是哪個政黨，都一定要形成可以永續經營的模式，獲得人民的支持，取得資源，培育人才，才有辦法參加選舉。依循這樣的模式讓民進黨在沒有黨產的情況下，能夠生存到現在。」他也指出，國民黨失去黨產的奧援之後，必須先經過這一關，其他新興政黨，例如時代力量，也同樣無法倖免如此的考驗。「臺灣社會對於投入資源給政黨的能量有多大還不得而知，這是值得觀察的事。」

林鶴明不相信民主政治「有神話」，「神格這種觀念已經慢慢被破除了，像當年宋楚瑜氣勢之強，但親民黨發展到現在也很辛苦；多年來，民進黨大大小小的『神』也好幾尊了，但小英就沒有像馬英九當年那樣被神化，」他接著說，「民進黨的競爭力不是靠『神』，而是靠『人才』的培育。」

「像我，是沒有背景的政治幕僚，就是因為民進黨的人才增補制度，才讓我今天有這個舞臺。當政治人物被檢驗的速度愈來愈快、神格化被破滅的時候，就代表臺灣又向前邁進一步，臺灣的民主進程就像是個有機體，持續不斷進化而形成具有『臺灣特色』的民主制度。但不管外部、內部的局勢如何變化，」林鶴明指出，「人民作主的本質，已經是不可逆的定論。先前小英總統接受法新社專訪時，提到了 resilience 這一詞，意思是『有韌性的』；臺灣就是這樣，不管遇到甚麼樣的困境，人民就是有辦法找出自己的生存之道。」

「臺灣開始民主化到現在，也是這樣的進程，像以前公投門檻很高，但現在很多議題都可以提公投了，人民的發聲管道愈來愈多。臺灣的政治制度雖然走得搖搖晃晃，但最終會回到軌道上。」這是林鶴明的內心話。

定義兩岸關係新模式

「隨著謝長廷出訪中國的時候，我曾見過張志軍和王毅兩位國臺辦主任。柯市府辦『雙城論壇』的時候，我也曾接待過沙海林。中國一直想更了解臺灣，但我認為這個所謂『瞭解彼此』的途徑不夠健康，也不夠完整。」

林鶴明曾告訴沙海林，「中國不能只透過國民黨來『看見臺灣』，而是以公民社會與不同的政黨互動等途徑來『瞭解臺灣』更為明確。例如，邀請時代力量進行對談等方法。」否則中國永遠搞不懂臺灣人真實的想法。林鶴明也觀察到這兩年多來，整個國際社會局勢相當動盪，但小英總統對中政策的決策模式一向是穩定不躁進——「她會確保臺灣的安全。」林鶴明很有信心地說。

縱使全世界都知道「中國想統一臺灣」的野心，但他仍主張「兩岸要持續維持民間交流」，而且臺灣內部要加強團結，不能讓中國找到瓦解臺灣的破口。「目前最重要的是強化國防、新能源、新型態的產業經濟，讓臺灣保有競爭力。」

林鶴明也發現，現在的兩岸交流和過去已有明顯的不同。「在網路時代，年輕人可以透過通訊軟體、遊戲互動達到兩岸交流的目的。因此，民間交流、年輕世代交流的強化，都是有助於兩岸未來關係的發展。」針對中國日益緊縮兩岸交流的作法，林鶴明也抱持樂觀態度，「我認為中國有『必須面對』的壓力，因為臺灣是一個民主國家，在過去，臺灣人最了解如何跟中國人做生意，現在則最了解中國的侵略性。」不管是地理位置及文化上的距離與理解，對全世界來說，臺灣有無可取代的重要性。

「我們要確保兩岸的下一代有對話的空間，讓下一代有權力去選擇和中國互動的模式。」林鶴明認為，以前兩岸的問題以及對彼此的認知，都和現在不一樣，「或許未來，又會有不同的格局。就如前面所述，生命會找到出路。」林鶴明不知道下一代會怎麼選擇？「但是不能讓他們沒有籌碼。」

給青年參政者的話

林鶴明建議有志從事政治工作的青年朋友，「找到自己有興趣的領域，努力累積專業」是很重要的。「政治就是管理眾人之事，各類型的專業都可以在政治場域中實踐。」他勉勵有志青年，「我是藝術大學畢業的，我都能成為政治幕僚，你還有甚麼是不可能的呢？」但他同時也強調，「優秀的幕僚不一定能追隨契合的政治人物，但是出眾的政治人物背後一定有優秀的幕僚。想提升臺灣政治運作的品質，幕僚的作業必定得趨向專業化，其中待遇的提升顯然是燃眉之急，因為這樣更能有效保障幕僚的工作品質！」這也是林鶴明代表臺灣青年發出的呼聲。◆

回鄉參政的竹科工程師

——專訪陳紀衡（南投縣集集鎮鎮長）

撰文者／巫彥德

陳紀衡，一九八五年出生，淡江大學資訊工程學系畢業，現任南投縣集集鎮鎮長。二〇一四年首次進入政府體制任職，曾任綠色和平志工、臺灣環境資訊協會專案執行、和平國小課輔老師、廣達電腦系統整合工程師、亞洲光學研發工程師、GARMIN專案工程師。

陳紀衡與我約在一個禮拜六的上午見面。我走進集集鎮公所，假日的辦公室悄然無人，對比外頭的烈日顯得有一絲冷清。這時，皮膚黝黑的陳紀衡從旁邊的小門探出頭來：「你來了啊，不好意思，假日省電，沒開電燈，到我辦公室來吧！」這位被媒體譽為「全臺灣鎮長選舉最年輕的當選人」剛坐下來就說：「你的訪綱我看過了，那，我要怎麼開始？」沒有多餘的寒暄，幹練平實，是我對這位年輕鎮長的第一印象。

環境運動的政治啟蒙

二〇一四年，年僅廿九歲的陳紀衡參加「太陽花學運」後第一次九合一選舉，臺灣政治掀起了一波「素人參政」的浪潮。原本在新竹科學園區擔任工程師的他，也在這波浪潮中回鄉參選，短短三個月，從宣布參選到選上，獲得近六成集集鎮民的高度支持。

短短三個月就當選，會不會覺得很意外？「我沒想過這件事，但覺得自己『很努力』，所以沒有『很意外』。」原來當時就讀交通大學的陳紀衡，原本並不特別注意社會或政治的議題，但為了和暗戀的女生「在話題上產生交集」，進而開始關注環境保護運動。

「印象中，我第一次開始關注這些消息，是因為路過某國際環保團體在自由廣場上舉辦的大型排字活動，當時抗議的內容是什麼已經記不清了，但是那次讓我更認識甚麼是『環境運動』，之後我才又去參加NVDA（Non-violent direct action，非暴力直接行動，常常是綠色和平在保護環境時無可避免的一環）訓練營。」但每次的參與並非都能成功，「總要去做才有機會！我在

NVDA找到相同理念的朋友，從他們身上真的學到很多。」

除了參與行動，另外有一部分的政治啟蒙來自於搖滾樂：「本土的話是閃靈樂團和滅火器樂團，國外則是加拿大龐克搖滾樂團魔數41（sun41）和芬蘭交響金屬樂團日暮頌歌（Nightwish），這些音樂裡的歌詞沒有這麼多的情情愛愛，常會帶到社會或環境的議題，對我來說是很重要的影響。」由此可知陳紀衡對樂團在關注社會議題上的貢獻與肯定。

後來從環境運動的關注轉而參選集集鎮鎮長，「二〇一三年，我返鄉參加我們鎮上的一個馬拉松活動，一大早，舊集集隧道封路後是一個無車環境，跑出隧道後接著的是綠色隧道，陽光透過茂密的樹葉灑在我身上，吹來些

· 文化部博物館與地方協作平臺計畫在集集鎮演出。（圖片提供：陳紀衡）

許微風，意象非常美。當時我就有一個念頭：很想要守護這樣的家鄉！」

隔年爆發「太陽花學運」，陳紀衡也參與其中，「當時只覺滿腔憤怒無處宣洩，對政府相當失望！」當時在竹科工作的他，工作也不是說不順，「但是我在工作當中已經沒有什麼成就感了，覺得日復一日、非常routine，」那樣的感覺縈繞心頭，「每天下班後，我都很關心這些發生在社會上的事件，但同事之間幾乎都不提這些事。」於是陳紀衡興起了一個念頭，「想說年底就是選舉，就一直在考慮『要不要去選』？」

兩個人的團隊

當時的陳紀衡跟身邊的親朋好友討論，家人、朋友都抱持反對的意見：有些人覺得政治很髒很亂、選舉很花錢，太冒險，但最多人反對的理由卻是「容易得罪人」，「許多人擔心我參選後會破壞地方上（政治）的和諧，也容易被支持現任鎮長的人敵視，所以都勸我不要選。十一月選舉，七月我們還在醞釀，到八月開始籌畫，直到九月要登記參選的前兩天，我去參加日月潭泳渡活動並克服了一個對我來說很大的挑戰，」陳紀衡老實的說，「如果我沒有去泳渡，可能不會登記參選，因為對我來說，參選這件事最需要的是勇氣！」

決定參選之後，開始組織團隊，「一開始沒有所謂的團隊，只有我跟一個朋友，他是電腦老師，也在一些NGO（Non-Governmental Organization，非政府組織）兼職，就我們兩個人。七月開始籌備，最急迫的工作就是募集人手，因為至少要有一位全職夥伴，我就一直說服我朋友，他也是拒絕過我好多次，但我就是三顧茅廬……」陳紀衡不放棄任何希望。「但若是財務允許的話，工作的團隊最少要有三個人：候選人、助理、總幹事。候選人與助理在外拋頭露面，總幹事就負責內部庶務。

陳紀衡不藏私，「出去拜票的時候，候選人的重點要放在選民身上，最重要的工作就是交談跟握手，助理就要負責幫候選人遞文宣、幫你注意『不要漏掉誰的手沒握到』，要是漏掉了，在地方啊，這是很嚴重的事，會讓人覺得『你是不是看不起他』才漏掉的！」他繼續教戰，「總幹事這個職務要幫忙製作文宣，鎮守在服務處接電話，活動的接洽、安排、訂便當什麼的都要做。所以我覺得我那位朋友很厲害！他這次沒有回來幫忙競選連任，我就有點辛苦了。」

摸著石頭過河的選戰

陳紀衡回憶，「在二〇一四年的選舉中，我自籌五十萬、再加募款四十萬，共計九十萬元，除了團隊的薪水，其他就是拿來辦活動、印製文宣與僱用徵信社。」臺灣的地方選舉，特別是鄉鎮市級的選舉，「買票文化」一直蟄伏在地方上，「為了防範於未然，我花了廿萬元請徵信社並招募短期工作人員，觀察對手的『主要樁腳』，目的是可以降低買票行為在這次選舉發生的可能性。」

他坦承，「其實也是因為我認識的人不夠多，要不然一般人的作法就是『請志工』。像我們選舉前一天，很多地方上支持我們陣營的年輕人，整夜都沒有睡覺，自發性地騎摩托車在鎮裡巡視與關心，」陳紀衡笑著說，「這樣就算有人想買票，也不敢買了！」

「開始選舉後，一開始是先找頭人（臺語，地方領袖的意思），但因為跟當時鎮長的局面落差太大，鎮民普遍認為我選不上，當時這個鎮的鎮長可是『同額競選（篤定當選）』啊，還有里長、社區發展協會主委和宮廟主委都差不多，每個頭人聽到我要去拜訪都避不見面，

・陳紀衡花了很多時間跟鎮民交流，用更寬廣的角度去面對不同的人。（圖片提供：陳紀衡）

如果他們被發現跟我見面，可能會被當成『反對者』，所以就算心理支持我，也只能默默鼓勵我，給我一點情報，沒辦法真的帶我去做什麼。」

「但是還是要拜訪！不管人家答不答應見面，有問的話，都會讓人覺得『這個少年有給我尊重（臺語）』，我們大概花了一、兩個禮拜跟這些頭人接觸，之後，就決定不要靠頭人，畢竟他們都『站不出來』，』陳紀衡同情地說，「他們也有他們的包袱，所以我們就採取另一種方式：用自己的腳跑居民！」

「通常一天的行程都很規律，大概是早上五點起床，到公園拜訪早起運動的居民；吃早餐後，通常會有一些會面或拜訪行程；十一點吃午餐之後，拜訪附近剛忙完農事的家戶；四點半吃晚餐，之後拜訪市區的家戶，到了晚上九點，吃個宵夜開檢討會。」陳紀衡歪著頭回想，一個一個行程「透明化」列出來。

「拜訪的重點就是找人潮聚集的地方，人都有一個時間性，可能是『某個時段』在『某個地方』聚集，如果找不到人或進不去這些聚會，最後方法就是『去他家拜訪』。」陳紀衡雖是政治新手，但規劃行程卻像識途老馬，「你去拜訪人家，人家就會問，『你憑什麼選？』或是遞文宣給他，他就在你面前把文宣品丟掉；要不然就是去公共場合拜票的時候，有人會大聲在旁邊說『這怎麼可能中（臺語）！』那你就只能笑笑、假裝沒聽到，然後跟他們說『謝謝』就離開，不用去爭，因為爭了也沒用！」

談到拜票的過程，「那時候我算是新面孔，簡單的說就是『自我介紹』，拜託大家給你一個機會服務，也不用講太多。因為我不知道他有興趣的議題是什麼？我只有把文宣品給他，如果有興趣，就會直接跟我反應，我再順著他的話題講，如果對方沒興趣，我也就沒多說甚麼。」他也會易位而處，「尤其現在變成五合一選舉，候選人『超多』！假設說每個職位都是兩位候選人，而每一位候選人平均拜票兩次，那選民也應該會被拜票拜得很煩，如果遇到對方已經有點暴躁，我就會直接報出我的名字、要選什麼再加一個誠摯的握手，三個動作。不過若是有人邀我進去坐，其實是可以進行比較深入的交流。」

・陳紀衡向鎮民示範水刀操作。（圖片提供：陳紀衡）

分析優劣勢與制定策略

陳紀衡回想當時的選戰過程，「當時的鎮長在七月就已經成立競選總部，把成立大會弄得很熱鬧，所以當他在九月登記的時候，沒有人覺得我有勝選的可能。」但是結果卻是出人意外，「我分析出自己的四個情況，第一，我是抱著破釜沉舟的決心，當時已經辭職的我就全職參選，也沒有其他外務，但是現任鎮長卻還要兼顧鎮長的工作；第二，我知道執政者在施政的過程中，多多少少都會得罪人，所以『敵人的敵人，就是我的盟友』。」陳紀衡補充，「如果我是唯一的競爭者，就是至少反對票會義無反顧地投給我，但如果挑戰者不只一個，反對票就會是分散的票。」

「第三，凡事有一體兩面。在當選之後經營地方的過程，不管是認識人或增加交情，其實也是別人漸漸喪失對你的新鮮感跟期待心的時候，當時我是新的參選人，因此選民自然對我有新鮮感與期待心。第四，地方上很多人會覺得我年輕，只是一個小毛頭而已，甚至覺得我連參選的資格都沒有，這也讓我的對手輕視我，以致做出失態的行為，民調就一直走下坡。」陳紀衡分析的優勝劣敗，展現出個人非常理性的一面。

不過，陳紀衡除了勤跑基層選民之外，也會針對施政方面指出問題點，「我一方面讓人知道自己關心這些地方上的事情，也因此從中獲得反對派的支持，對手更覺得心浮氣躁，」當時

・陳紀衡用同理心貼進「小小鎮民」的心。（圖片提供：陳紀衡）

有一批支持者是集集鎮某市場大樓的承租戶，「因為市場大樓被鎮公所標出去，讓原本商場裡的承租戶不滿，因此轉向支持我，」陳紀衡分析，「許多人一開始的時候，是因為被我的理念吸引過來的；但有更多人是因為自己的利益被侵害心生不滿，才轉而支持我。」

「如果把X軸當時間，把Y軸當作支持者人數，後來我們分析的時候發現，當時鎮長的峰值（最高值）落在七月競選總部成立時，但我們的兩人團隊從九月開始一直緩步上升，」雖然仍有許多人瞧不起，「但是那樣也激起其他鎮民的同情心，覺得不支持就算了，也不應該欺負想做事的年輕人。」因此那樣的轉變也讓當時鎮長的支持者人數持續下滑。

「後來，未知的情境變得愈來愈少，局勢則是愈來愈明朗，選前十幾天、到公辦政見發表會那天開始，就覺得自己應該會當選了。」陳紀衡回憶。

關鍵的行動與家人的支持

在選舉前，陳紀衡辦了成立大會、選前之夜還有三場自辦政見發表會、一場公辦政見發表會。「在選前之夜和公辦政見發表會都有去掃街、free hug（熱情的擁抱），我覺得最成功的是選前之夜，真的很成功！」但是陳紀衡也說，「但是在選前之夜前，團隊曾有過激烈的爭吵。」爭吵的理由是因為陳紀衡的母親患有小腦萎縮症，他不希望讓媽媽上臺，「我不想消費媽媽的病情，但爸爸卻與團隊多數人認為，媽媽該站到臺上去。」最後他選擇妥協。「那天晚上，我抱著媽媽在臺上哭，臺下許多鎮民也流下了眼淚。」陳紀衡整理了一下思緒，「我很謝謝我媽媽。這次媽媽不在了，我要靠自己的力量了。」

工程師從政的再學習

陳紀衡剛上任，就發現了一個嚴重的問題——「民選的首長或民意代表都不用上課，直接就任。」這問題點在於，新上任的人若是對職權不是那麼了解的時候，就容易浪費許多行政資源，也等於間接浪費公帑。「一個初等的公務員，必須經過月餘的受訓才能派任到機關工作，而且派任前還要實習，但每個民選的首長跟民意代表，竟不必通過任何訓練，就能擁有如此龐大的職權，」他認為這非常不妥，「除非是政二代，有長輩或父母的指導，否則大家都是瞎子摸象，要花更多的時間去適應，才能上軌道。」因此，為了加強自己的不足，他報考中興大學公共行政研究所，「很多政治人物都會去進修。」

他認為自己所學和社會的經歷也幫助他「更快進入狀況」，「當過工程師還是有一些好處，過去學自然科學的背景，在邏輯思考上是很有幫助的，」他認為擔任鎮長，最重要的就是正確的判斷與做決策，「鎮長做決策最重要的就是『數字』與『公平』，每一個數字被計算出來的答案跟算法都有政治意義，要會解讀，知道數字的意義，才知道怎麼公平分配，才不會只是流於數字上的公平而已。」

「另外，我覺得很有趣的是，我們帶起了鎮上大家用 google calendar 的風潮。鎮公所之前是用很大的白板月曆，但後來我教大家用網路上這個簡單的工具，於是就在鎮公所流行起來，後來鎮民代表會就學我們，接著就是議會開始學，這算是以前擔任工程師在這工作上帶來的好處。」

態度與知識一樣重要

陳紀衡當上鎮長後，擁有最大的權力就是「人事決策權」與「工程發包權」，「這也是許多政策性買票與回扣的來源！」挺身對抗陳年陋習的他，常面臨許多威脅，「這其中有許多折衝需要取捨，我也是當上鎮長之後才開始摸索學習的。」二〇一四年當選到現在邁入第四年，陳紀衡覺得最有成就的一件事，就是把集集鎮四千七百多萬欠銀行的債都還清了，「只要在編預算的時候不要浮編，不該花的錢就不要花，就可以做到了。」

「之會有浮編這種事情，就是回扣的意思。鎮公所每多花一塊錢，拿回扣的人就會多賺個幾成，就是要把持得住，不要受錢財的誘惑。」這樣也形同擋人財路，所以陳紀衡很常被威脅，「那種人身安全的威脅！但是我覺得，只要你從來沒跟那樣的人有利益關係的時候，我覺得都不太會『真的被怎麼樣』，因為人家也會算——傷害你合算不合算？」

理想的實踐，就是一步一步的踏出來

在施政過程中，陳紀衡也面臨兩個困難，一是專業人才的缺乏，二是公務員的配合意願，「基層公務員都是國家考試考進來的，所以當我想推動某項政策，例如觀光政策，就會面臨到缺少觀光專業人才的窘境，再來，公務員要不要配合政策的推動也是困難，」例如「一次告知單」就是一個經典的例子，「以前很多民眾臨櫃申請某項業務時，常常發生申辦時缺帶某樣東西，有一次總共短缺了四項物件，「檢查到第一樣，發現我沒帶，你就叫我回去補第一樣東西；來了之後，你跟我說，我第二樣也沒有帶到，我再去補第二樣給你；之後回來申辦，你又跟我說第三樣也沒有帶，結果第三次來，還差第四樣東西。」

「後來我們覺得要改變，要把短缺的條件一次列出來，就是『一次告知單』，但公務人員就推託，「叫民眾回去拿，有什麼不對？」因為基層公務員很怕推行下去若出了問題得負全責，他們想得很複雜，我就一直勸他們，讓承辦人員省力、民眾也不會浪費時間。」但公務員還是抗拒了很久，「後來換掉民政課長，才壓著下面的人把這件事情做到完整。」陳紀衡無奈的說，「過一陣子之後，他們自己覺得這樣的措施蠻好的，才持續做下去。」

用同理心貼進人民的心與文化

另外，政策的推動也考驗著執政者的智慧。陳紀衡上任後，有感於鎮上的垃圾子母車常常被人傾倒事業廢棄物，其中廢棄物的大宗就是「婚喪喜慶的垃圾」，因此他想要推行「垃圾不落地」的政策。「許多人辦喜宴（辦桌）時，會委託清潔公司來收尾清理，但許多不肖業者將清理的垃圾隨意棄置，丟到水溝或垃圾子母車。」這讓陳紀衡一開始很不能諒解，「對於鎮民來說，環保很重要，但婚喪喜慶對他們來說更是人生中的大事，所以婚喪喜慶場合不能避免會產生垃圾，但鎮公所又要避免被隨意傾倒，那麼應該要在兩者間取得最佳平衡，」所以陳紀衡決定「用鎮公所的力量，協助居民把婚喪喜慶的環境保護問題做好！」因此目前只要鎮上有人要辦桌，就聯絡鎮公所的清運隊去協助清理，「這樣的作法很環保，也同時達到體恤民意的雙重目標。」

上任後，鎮長職涯讓陳紀衡學習到「不再堅持那個最高的理想」，「因為我們憑什麼自大到認為我們的理想是完全對的？當然，我們的目標還是愈理想越好，但因為我花了很多時間跟鎮民交流，所以才能用更寬廣的角度去同理不同人的思考方式。」

陳紀衡用政策推動規畫自己理想中的集集鎮樣貌：維護行道樹，「將過去一年使用三次的除草劑，逐年調降到目前完全不使用」、開辦生態教育營隊，「招募志工學習與實作樹木的保育，用水刀治療綠色隧道的樹木」、推動石虎保育、建立合理修剪樹木的準則……等，「對於環境

友善的政策，並非頒布命令下去就能立竿見影，而是要權衡許多利害關係，一步一步使它們改變成真！」◆

註釋：

陳紀衡順利連任（二，六六四票；得票率卅七．九五％）。

蘭陽不設限

——專訪薛呈懿（宜蘭縣縣議員）

撰文者／盧沛丞

薛呈懿，一九八九年出生，中原大學景觀學系畢業、中原大學創意創新創業跨領域學程修畢、臺灣大學建築與城鄉發展研究所畢業，現任宜蘭縣議會第八選區縣議員。二〇一四年首次進入政府體制任職，曾任農業發展基金會監事、蘭陽創新發展協會創會理事長、臺灣環境資訊協會專案執行、木三方規劃設計顧問有限公司規劃設計師、環境保護署國家環境教育審議會委員、蘭陽文教基金會監事、二〇一八年宜蘭縣羅東鎮鎮長參選人。

約莫下午五點，餘暉在臺九線上的大路口淋漓盡致，綁著馬尾、穿著亮眼的競選背心，剛結束那天的街頭宣講，與鄰近的店家拜訪致意著：「不好意思，打擾了！」笑臉迎人的她活力依舊，政壇少見的馬尾造型則是她給自己的識別標誌，殊不知青春的她，已是征討議場即將屆滿一任的議員。

氣溫略為燠熱，室內開著幾臺電風扇，因緊鄰外環道，不時傳來汽機車呼嘯而過的聲響，兩個多小時前，我們抵達她位於羅東的服務處，入門後目光旋即被牆上斗大的毛筆字吸引，「堅持做對的事」。另一面牆則是羅東鎮地圖與來訪者的簽名，除此之外，相當簡單的擺設，以及入門處幾樣明瞭的文宣品、公投連署等。質樸，是對這個乍到的空間留下的印象；俐落，則是她本人給我的第一印象。在各黨派都沒有過半席次的宜蘭縣議會，她有著獨到的見解與堅持，讓民眾看到無黨籍議員所依循的新政治方法，因為堅持與樂觀，讓她開創出獨特的政治路。透過這次機會，訪談小組將帶著大家一窺這位青年政治人物的歷程，她來自羅東鎮冬山鄉，是土生土長的宜蘭孩子，她是薛呈懿。

選修課機緣的「不歸路」

中原大學景觀學系，是她接觸社會議題的開始，薛呈懿坦言，自己的求學路不算順遂，也不

·笑臉迎人、馬尾造型，是薛呈懿的「識別標誌」。（圖片提供：薛呈懿）

是個乖小孩，還好最後選了這個系所留下來就讀，瞭解到該系所對於人文風土關懷的重視遠大於學識。在大三那年，修讀了一門與財經法律學系合開的課，名為「對話式環境法」，該課程需要學生學習關於土地正義、《土地徵收條例》的相關知識，為了準備這門課的報告，她在社交平臺Facebook上點按了臺灣農村陣線的「讚」，進而開啟了對一系列抗爭與社會議題的關注，以至於後來持續為反核、美麗灣、國光石化等議題發聲。

一次與臺北朋友相約在捷運臺大醫院站附近時，透過臉書推播得知臺灣農村陣線當日將在凱達格蘭大道進行陳抗遊行，藉著那次機會近距離從旁觀察社會運動的模式，如何進行，如何表達訴求等，埋下了日後參與政治工作的種子。此外，論及日後持續攻讀的臺灣大學建築與城鄉研究所，都讓她再再確立了作為設計者、規劃者對於土地責任的處事價值，當然也包括了對於環境議題的關注，是她在求學歷程中養成的本職。二〇一四年的三一八運動，對許多社運、政治工作者是相當大的轉捩點，而社會氛圍普遍對兩黨惡鬥的情形相當厭惡，傾向改變傳統的政治模式，大環境丕變的背景下，薛呈懿決定發揮自身所學挺身而出，她參選時的起心動念單純，最後關頭選擇以無黨籍參選，抱著背水一戰的心情上場拼搏，在她的努力下，以些微的票數差距險勝，成為該選區的第四席議員。

參選時的助力與阻力

薛呈懿的爺爺，當年是地方叱詫風雲的人物，在頭城擔任代書的爺爺，因熟悉行政且擁有充沛人脈，曾受邀擔任競選總幹事二十四次，只要他出馬，候選人都順利當選，爺爺決定在第二十五次親自角逐，卻偏偏馬失前蹄落敗收場。爺爺因此揹上債務且於幾年後抑鬱而終。當年薛呈懿的父親賣了土地、房產，清償所有債務後，對於政治更心灰意冷，「最熟悉選舉的人竟然選不上」，因此在薛呈懿決定參選議員，妹妹跟進參選村長時，一向溫文儒雅，從未發怒的父親竟氣到三週不跟她們說話，讓她們姐妹倆都感覺到父親這次真的生氣了，但倔強的她並沒有退縮，一直到後來母親幫忙遊說父親：表明女兒並沒有要圖什麼利益，而且父親最清楚姐妹倆的個性，是不會輕易打退堂鼓的。登記參選的中後段，父母親才開始幫忙選舉的事項，且偶爾在街坊鄰居間替她們宣傳。

除此之外，薛呈懿的外公當年是白色恐怖下的受害者，曾被政府關押一週，她的外公不曾細述當時所發生的細節，只知道那七天的時間對外公來說是非常震撼與恐慌的煎熬，家人也因此對政治心有餘悸，「雖然希望環境能透過政治來改變，但不希望這個改變的人是自己的子女。」一笑談之間，卻點出了臺灣許多家長保護自己孩子心切的思維。然而翻轉政治之前，首先需要翻轉自己的家長，這是很多年輕世代的參政者經常面臨的問題，也是她認為的必經歷程，畢竟能得到家人的理解與支持，在政治工作絕對能有更多的助力。

至於無黨籍候選人，要如何第一次選舉時快速累積經驗？薛呈懿在登記參選時，已經是該年的九月，時間相當緊湊。她透露，起初會跟著民進黨的活動，以素人的身份學習與認識一些重要人物、耆老等，選舉不外乎希望得到選票；而民進黨過往從基層發跡，擅長農村與地方的動員，宮廟宣講等活動不在少數。另外，因為當年的九合一選舉有另一位與民進黨曾有些過節的女性候選人以無黨籍之姿登記參選，民進黨自然不希望她當選，且由於沒有推派另外人選，便將目光轉移到這位形象清新的政治素人身上，主動與薛呈懿聯繫，並明說和暗示她能一同出席民進黨的部分造勢或餐敘活動，讓她有機會在田野中露面、自我介紹以及累積知名度。

因為這樣的機緣，薛呈懿從旁學習到傳統政治穩固根基的方式，也因為與民進黨的關係密切而被貼上「小綠」的標籤，被認為類似民主小草計劃培訓的方式。然而實際選上後，她表示並沒有實際參與民進黨團的運作，而是透過無黨籍政團的合作，來與兩大黨協商和牽制相關的權力。不過可想而知，在政治生態的循環下，自然不會有人平白無故給一個素人資源，曾經受過民進黨幫助的她，在實際進入議會後，也發生不少被要求合作上的意見歧異，曾經是助力的政黨關係，有了些巧妙的變化。

「最年輕」的堅持與挑戰

薛呈懿從進入議會後，議長選舉就引發巧妙的變化，在傳統的「配票」方式下，差一票都會

· 薛呈懿是全臺十三縣議員選舉最年輕的當選人。（攝影：盧沛丞）

知道誰沒有按約投票——也就是俗稱的「跑票」。薛呈懿說明：宜蘭縣議會長久以來都是國民黨籍的議長，為了讓民進黨能完全執政，她選擇投給民進黨籍的議長，但副議長這票，她並沒有投給與民進黨談合作的國民黨籍議員，而是投給了自己；在開票唱票時，她還被民進黨籍的老議員用口吻和表情諷刺地說：「喔！薛呈懿一票了喔。」投票之前，她選擇跟其他議員避不見面，甚至出國迴避，為的就是不要再被他人施壓。即使面臨勸說，她口頭雖答應，仍堅守自己的原則。投票當天，巧妙利用時機躲廁所，直到投票前才出現。過程中，她都擔心自己會不會沒有遵守潛規則而有什麼對她不利的情形，到議場觀看的家人們也很緊張地告訴

・二〇一八年，薛呈懿參選羅東鎮長，在活動中擔任講師。（圖片提供：薛呈懿）

她，可以考慮不要堅持，比較能相安無事。

「如果討人喜歡與受人尊敬無法兩全，我寧願受人尊敬。」已故前宜蘭縣長陳定南先生的這句話，薛呈懿一直放在心中。就因為她與團隊的年輕，不喜歡遵守舊政治那套分配權力與機會的方式，也不照傳統方式純跑紅白帖，她說：「把有生平介紹的告別式場合當成一種田野調查，至於婚宴場合都是年輕人為主，他們也不喜歡過往的這種模式。」或許交際場合不如資深議員們跑得勤，但她認為年輕的標籤與作風對她們而言也是一種特色，把重心放在單位工作報告、公民行動和縣長總質詢上，以及對個案處理的細膩也勝過其他議員團隊，讓民眾逐漸有感，年輕人的作法其實也很好，不會要求她跟其他人一樣交際了。

在年輕一代的參政者中，與她一樣選擇以無黨籍方式胼手胝足耕耘政治者也大有人在，然而這樣的模式並非單純屏除藍綠便能獨樹一幟。薛呈懿在從政路上亦曾受到不同黨派的招攬或表態協助，事實上早年在樹黨的工作經驗也讓她更熟悉政黨運作，這些機會使她在選舉過程獲益良多。政治工作者在與思考、選擇政黨之前，應當定位自身與政黨關係，包含其走向與價值等，而「無黨籍」或許只是其中一種型態。

．保持思辨、堅定與勇敢的心是薛呈懿認為青年從政最大的關鍵特質。（攝影：盧沛丞）

舊政治的角力和制衡

對於不公義，薛呈懿和無黨籍政團的議員們，仍會盡力阻擋，但對於在野黨刁難執政黨一些細節的問題，例如預算的審定等，她也選擇跳出來支持執政黨，因為她明白，預算只是一部份，只要沒有太大的問題，重點是在執行的環節，若是卡在審議預算太久，許多政策會沒有辦法落實，如同副議長選舉票投自己，薛呈懿就是這樣一個堅持己見的人。

然而，對於政治力的資源差異，也數度讓她感到渺小且無奈，是哪些議題讓她調整心態，也做出部分妥協呢？薛呈懿為我們提了三個例子：

首先是她最早接觸的農地議題，即使許多組織會要求「農地農用」等口號，在宜蘭這個農業大縣，實際瞭解後卻發現沒有這麼簡單。以土地持有與否而言，地主與農民的考量便有所不同，地主傾向考量地價值錢與否，即使是持有土地的自耕農戶，可能因後代子孫外移而人力短缺，甚至被晚輩要求出售農地等情形都不乏遇見，這些讓她明白一件事：振興農業的同時，必須考量觀光與永續發展，其間涵蓋經濟上的永續。若無法保障農民的經濟安全，那麼就不只是喊出農地農用的口號這般簡單。在田野調查的過程中；與農民朋友的互動中有了這樣的體會，讓薛呈懿回頭去想在環保團體中那些倡議、陳抗的行動，自己好像都太急著被聽見，還沒有去聽見別人，而這樣很難再讓別人聽見自己。

其次則是礁溪的市地重劃案件，薛呈懿認為，礁溪的土地近年來價格暴漲，單坪售價與臺北分庭抗禮，然而旅宿業的管制不彰，讓她十分擔心在蘇花改通車後，旅客直達花東地區，不在宜蘭過夜的可能性大為提升。宜蘭的觀光業會一落千丈，回到非假日時的空城狀態；然而，在這樣的狀況下，礁溪的市地重劃牽涉龐大利益，吸引眾人投入炒作，關於公辦或私辦仍議論紛紛，公辦的預算也一直被刪除，據說該議題也已經吵了很久了，時不時會提出討論；而她在一次氣氛緊張的會議過後，在社交平臺上發文寫道：「都是演戲啦，爛透了」這樣的簡單幾句，卻在議會引起軒然大波，她雖然笑說表示自己好像還有點影響力，但實際上能感受心情是無奈的，一個關於市政的大案子，卻涉及各種盤算，讓她不免感嘆僅憑一己之力十分不足。

最後是羅東轉運站的BOT案件，同屬於市地重劃，由於政府預算不足，原本以BOT的方式讓廠商規劃成一棟十八層樓高的大樓，內有各式商場與餐廳等。她比喻，就像把臺北的京站搬到羅東後火車站，其實太不符合在地需求，很明顯有利益上的考量，因此連部分民進黨籍的議員都反對，地方更傳來強烈反彈，縣政府決定收回來自己興建，改為一棟樓層數不高（據說約四到五層樓），且主要是轉運站使用的大樓。決策轉向的結果讓她瞭解：關鍵的民意代表很重要，但關鍵的公民社會更重要，群眾意識才是監督政府執政的最佳利器。

透過以上的案例，薛呈懿表明立場，也告訴想要從政或已經在這條路上的人們：「我們永遠都有做得到和做不到的事情，無論我們做到多大的位置都一樣。」需時時檢討自己做事的初衷是否還在原先的道路上，並理解自己能做到的事情。以第二個案例——礁溪市地重劃的案件而言，當時她對相當失望，甚至懷疑自己是不是也潛在盤算著哪些事情，才會一直堅持反對的立場，說不定忽略了其他相關人士的權益等等。直到議員任期即將結束，她已換了角度思考，認為即使當下無法翻轉成功，反對的聲音至少讓案子數度被擋下，現今也沒有通過私辦的案子，支持私辦的那方也在等待今年（二〇一八年）議員選舉再捲土重來，現階段養地，對他們而言並沒有損失。在學習心態調整上，她認為是重要的洗禮，對於政治力說不上是妥協，但也不至於蚍蜉撼樹，盡力做好當下能做且認為重要的事情即可，就像有時可能沒辦法看完所有的預算一樣，勢必得分工並有所取捨。

民主路的薪火相傳

下一步，薛呈懿選擇參選羅東鎮鎮長，從議員直接跳級選鎮長遭到不少質疑，各路人馬紛紛登門關切，甚至想藉由她議員做得不錯，或是有婦女保障一定選得上這件事情來勸退她，告訴她再當一屆議員再考慮也不遲。不過薛呈懿說：「我本來就不是為了好選才參選的啊。」即使沒有十足的把握或仍須不少努力，她在努力做事的同時，也累積了不少人氣與自信，讓她覺得並沒有前兩年想得那麼悲觀，甚至讓民進黨也有點意外怎麼會勸不退她。

作為備受矚目的青年參政者，她給自己不小壓力，除了肩負鄉親們的期待，考量未來年輕從政者的希望與觀感，可能都寄託在像她這樣的開路先鋒身上，因此更需要力求表現，以免大家對年輕人失望。由於社會對於舊政治的反感，過去仰賴政黨的關係轉變成今日對「人」的信賴，呈現了嶄新的政治環境，她希望在選舉的過程中提高鎮民參與的意願，一同規劃在地的市區，另外，在與其他工作者的串連上，二〇一七年底她成立了宜蘭人民組合，跨黨派串連青年政治工作者討論市政等相關議題，是相當創新的作法，也期望藉由自己的經驗，提拔與複製更多像薛呈懿一樣的政治素人。談到青年政治工作者該的特質，首先她提出了一個無關乎年紀的通則，就是必須保持不斷思辨與保有堅定、勇敢的心，至於青年工作者則要注意因社會歷練和挫折容受度的差異所面臨的誘惑，並確立自己這條路（政治工作）的想法是什麼。

看在許多人眼裡，薛呈懿投入鎮長選舉的決定無非下一步險棋，甚至認為是螳臂當車。讀者們可以試想在這個的時間點，是否會與她做出相同的選擇？或是在這樣的選擇下，除了挑戰經驗與年齡之外，還可能挑戰什麼？年齡雖是政治工作的門檻，希冀推動民主向下紮根，同時讓公共議題與政治工作年輕化。不可否認在現今的政治環境，若無政治世家的背景和強大的政黨後盾，勢必得投入更多時間耕耘選區打好根基。此外，近期選舉越來越多人以無黨籍投入政壇，然仍常被視為過渡或是所謂中立的標籤。無黨籍象徵屏除舊政治包袱與約定俗成之潛規則，但政治工作中以人為基礎的「關係」仍凌駕其上，現有政團或成立不久的「宜蘭人民組合」皆是如此，對薛呈懿而言，她想發展的願景是什麼？宜蘭人民組合是否可以跳脫政黨分野，並在宜蘭這個注重農業與觀光的大縣、民主聖地滋養出無黨或其他進步勢力的養分，也是值得觀察的。

「最後想請問議員，妳快樂嗎？」

「從政這幾年來，獲得的支持、感動與美好，就是我的最大動力。我覺得自己是快樂的，或許有些事不做，我可能就不會得到那些感動與美好了。」◆

註釋：

薛呈懿轉戰羅東鎮鎮長選舉失利（九，八二一票；得票率廿八．一％；第三名）。

萬興勤人政治路
——專訪詹晉鑒（臺北市文山區萬興里里長）

撰文者／魏琬玲

詹晉鑒，一九八二年出生，臺灣大學法律研究所碩士，現任臺北市文山區萬興里里長。二〇一四年首次進入政府體制，曾任執業律師、《讀報》專欄作家、民進黨第十八屆中央評議委員、臺北市文山區萬興里里長參選人。

燠熱的盛夏午後，在來到臺北市文山區萬興里拜訪詹晉鑒律師。推門而入，迎面便是頂天書牆，「天道酬勤」字畫不偏不倚地掛在門牆上。等待里長歸來的時刻，不時有民眾經過探詢「里長在嗎？」卻邊搖著手說著，「其實不急！」另道門邊站著甫在河邊抓到大尾鰻魚的大嬸、揚著手興奮地問著：「便宜賣啦，煮湯很補喔！」辦公室裡的阿姨不理周邊喧鬧，仍淡定地坐著喝茶看報；地下室時不時傳來社區孩子們學習英文鈴噹般的笑語，這一切讓里辦公室的氣氛彷如流動的河般格外活絡。此時外頭傳來「里長回來了！」如一記晨鐘，令所有人放下手邊動作望向門邊那個背光的高大身影：以一席率性的白襯衫現身，用爽朗的笑容回應眾人的殷切期盼，彷彿宣告著所有活動從現在才正式開始！他是詹晉鑒律師——同時也是臺北市文山區萬興里的里長。

詹晉鑒自小成長在一個「深藍」的軍警背景家庭——也就是傳統的六八九家庭（六八九就是國民黨的意思，起因是二〇一二年總統大選時有六百八十九萬人投給馬英九），「我父親是警察，月領至少七萬元退休金。」他不諱言，「童年的生活其實不虞匱乏。」

就讀臺大法律系，求學時代的詹晉鑒對政治的態度卻十分消極，「直到接觸到臺灣史，才萌生了想去深入了解的念頭。」他引用朋友的話，「像我們來自軍公教家庭的小孩，說『沒有認同轉變』一定是假的！」

「我國中畢業後便沒有再接觸歷史，讀建中時選擇的又是自然組，對文組史料相當陌生。」所幸結識交大電控的學長，學長於二〇〇六年創立了臺灣領先開發的書籤、推文網站FunP，並

·愛打球的詹晉鑒至政大附中與同學合影。（圖片提供：詹晉鑒）

得以接觸到臺派部落客，如獨孤木、酥餅等，進而瞭解到二二八事件的真相。

「就讀臺大法學院時，因於地利之便，從圖書館法社分館接觸到很多資料，例如口述歷史、二二八照片集和相關史料。」透過大量閱讀，才確認「中華民國政府是外來的殖民政權」這種說法，進而瞭解到中國國民黨在臺灣威權的統治和臺灣民主化進程，「那年我廿四歲，這樣的認知與其說是啟蒙，更像是遲來的震撼教育！」從國家認同上產生轉變並「確定自己是臺灣人，而非中國人」。

父親的警察身分，自然而然地使詹晉鑒的成長過程「絕緣」於群眾運動之外。「我投身的第一場政治參與是百萬人民反貪倒扁運動。儘管不是完全支持這個活動的主旨，但在腦袋上『漸漸更新』的狀態下，我仍想親赴這場國家盛事。」

當時，詹晉鑒知道「要支持這塊土地」，但對於國家的認同卻是混亂的，「沒有確切的意識。」從閱讀歷史書籍、投入政治參與活動和確定中華民國政府為外來殖民政權的認知，使得詹晉鑒更確信一件事——「臺灣人從未當家作主」的事實。

「如果說我參加紅衫軍行動是『外行湊熱鬧』，那麼『抗議陳雲林來臺』就可以說是我第一次直接表達自己支持的政治理念行動。」那時的詹晉鑒，司法官落榜，和朋友走上街頭靜坐，「當時我在街頭見到的一切，心裡既難過又憤怒，心裡吶喊著，這不是民主國家嗎？為什麼警察會這麼粗暴對待那些僅是手搖『國旗』的自己國家的人民？」

細數臺灣民主運動，如果自一九八九年野百合算起，詹禁鑒對政治其實是缺席的，簡單說就是全然置身事外。他明確指出本土派在臺灣政治史上，幾個關鍵時刻必會挺身而出：首先是阿扁競選臺北市長；其次是臺北車站占領活動，最後是一九九六年，彭明敏競逐臺灣總統。以上三個時刻，是臺灣民主化過程當中很重要的轉捩點。阿扁當選臺北市長對本土陣營產生相當大的鼓舞作用，直至二〇〇〇年為止，許多前輩與他分享當時只要聽聞任何動員消息，排除萬難也得全力參與。然而，詹晉鑒口中「臺灣民主化的關鍵時刻」，卻完全沒有自己的身影。那些激情、澎湃與見證時代改變的光榮，以上情境他卻毫無記憶點……「對不起，這並不是我的生命經驗。」詹晉鑒聳聳肩，黯然地說。

想贏的前提就是不怕輸

從小居住的萬興里，結構是典型的「臺北里」——多數的外來人口、外省省籍、具軍公教身分，加上支持藍綠的立場大約是七比三的比重，這也忠實地呈現了臺北市的選民結構，「會勇敢地參選『深藍鐵票倉』的文山區，除了『生於斯、長於斯』的在地情感外，我個人不以失敗主義掛帥、也不投機取巧迴避。輸了沒關係，失敗、跌倒，站起來就好！」

「如果能扭轉民進黨先天在文山區的『劣勢』，或許能讓黨內擺脫『失敗主義』的思維，並重新正視經營基層（地方）的重要性。」這也是詹晉鑒加入民進黨最主要的原因，「民進黨截至目前為止，仍瀰漫著『臺北市選不贏』的失敗主義，儘管當年我來不及參與『阿扁當選』那一段重要的戰役，但我堅信，一個政黨若想要好好發展，就要回到當年的樣子。」

他以他熟悉的打球經驗來比喻，「任何一支球隊從谷底爬向顛峯，都必須勇敢地挑戰各種磨練，因為想贏的前提就是不怕輸。」他認為，臺北市有最多的軍公教和外來政權的人口，這樣的選民結構短期不可能改變，也確實難以改變其意識形態，「這就是民進黨內部對於臺北市瀰漫失敗主義的根源。」

「我認為民進黨已成為臺灣最重要的本土陣營，對於來自中國的攻擊必然首當其衝，該如何鞏固黨的實力，賦予力量，為臺灣服務並抗衡中國的傾軋，這是民進黨無法迴避的挑戰。既然我以這樣的思考出發，在首都就得正面迎戰，不能告假缺席。一定得有人挺身而出讓大家明白，在臺北市打著民進黨的旗號，還是選得上！」他謙虛的說，「雖然只是一個小小的里長而已。」

登記參與選戰後，還來不及思索比例懸殊的選戰前，面對的卻是「家門內的硬仗」，「那時我媽媽在菜市場聽到一些傳言：『聽說你們那個里是年輕人要出來選里長，年輕的帥律師喔！』但她回答說，『沒聽過誰要選啊？換年輕人出來當當看，也是很好！』直到最後，詹媽媽才發現那位「跳坑的」竟然是自己的兒子！

「我媽媽聽我說已經交了五萬元付登記費，氣得直跳腳：『怎麼可能選得贏？對方那麼強！』但我跟她說，『再生氣，錢也收不回來啊！想收回來，就得選完、超過六百票！』母親不支

・詹晉鑒自認是新一代的萬興「勤」人。（攝影：楊盛安）

持，父親也對政治「長期冷漠」，「而且父親一輩子在警察崗位上服務，國民黨照顧他、為他加薪，照顧子女唸書還領有各項補助，他人生對政治唯一的選擇就是國民黨。」他父親曾說，「這個黨給他很好的生活，為什麼還要支持別的黨？」於是，在沒有家人的支持下，詹晉鑒依舊踏上他的「不服輸」之路。

所謂初生之犢不畏虎，詹晉鑒面臨的對手是「連任八屆的老里長」，一開始，詹晉鑒白天照常上班，晚上六點半準時回到家，然後獨自披著選舉的彩帶在路上走，逢人便說：「大家好，我要選里長。」他身為律師，多年的「職業基本功」便派上用場，「我並非口才好，而是講不累，」自認是新一代的萬興「勤」人，日日勤走街頭，扎實地開創一條「老里長荒蕪已久的道路」，一個月後，「可以去找這位少年仔陳情」的消息便在鄰里間傳開。

詹晉鑒坦言，「選舉一切講求效率，這樣的作法完全是土法煉鋼。」但是地方人士有的開始表態支持他，甚至主動到他家按門鈴，激動的說：「你兒子會選上啊！還不出來幫忙？」從那一刻起，家人才開始幫忙打理選務之事，家中頓時變成手工廠，折疊文宣由家人負責，在外拋頭露面的任務仍由詹晉鑒自己單打獨鬥。

「我們分析上屆里長的選舉，發現竟多達一千票是廢票。」這股「不是支持民進黨，但想換人做做看」的旋風當時吹過萬興里，律師的專業形象與當時「國民黨不倒、臺灣不會好」的政

·詹晉鑒認為「雙心」才是青年從政者的標準配備。（圖片提供：詹晉鑒）

治趨勢，讓詹晉鑒以「超過六成的得票率」當選文山區萬興里里長。

一里一世界：恆心走入里民的心

在萬興里，存有「化南新村」這個老眷村——化南新村是政大在六〇年代初期興建的教職員宿舍，由於學校礙於教學空間的不足決議拆除化南新村興建法學院，詹晉鑒和老里民們極力保存眷村，「保留眷村的爭議已經圓滿落幕，全區獲得文資會決議保留！」詹晉鑒說，在奔走的過程中，和外省老伯伯們建立了深厚的友誼，「外省伯伯的朋友比較少，圈子又小，所以常替他們發聲。」而伯伯們也極為讚許詹晉鑒，「咱里長是民進黨，但『這個民進黨』跟『其他民進黨』可不一樣，他會幫我們！」

對老一輩的萬興里里民來說，民進黨的既定印象已和阿扁跋扈、辱罵外省字眼的形象結合在一起，「我只能少說、多做、勤服務，用耐心在基層走出一條和解的新路。」詹晉鑒指著在辦公室裡成排的老照片，細數如何透過保留化南新村和文物展的活動重現往日榮光，「除了化解上一代的心結外，我也著重下一代的教育，例如出借里辦公室讓孩童在這裡學習才藝、元宵節設計臺灣燈謎並規劃在地文化活動，讓下一代很自然的把臺灣這塊土地，在他們的記憶裡生根。」

上任第一年，詹晉鑒本業的律師工作幾乎全面停擺，「因為光在里內走訪、認識里民，瞭解基本的行政庶務等工作，就耗去我泰半的時間。」步入禮堂的結婚計劃也因當選而延宕下來，詹晉鑒憶及當時女朋友的第一個反應就是「百般不情願」，「我們兩個人相處的時間也被壓縮，民眾各式各樣的請託也排山倒海而來，或是天外飛來一筆的『生態』挑戰，像是抓貓、捕蛇、摘蜂窩等等任務，真是無奇不有！」

剛開始經營社區時，也有屬於年輕人特有「天馬行空的創新念頭」，他指了指角落、比了比，「政見當時寫著那個角落會是里民咖啡廳，我也曾嘗試導入許多E化服務，例如社會福利E化上網或是規劃里民下載APP來推行里民服務等。」但是劃時代的科技服務離傳統里民的生活似乎遙遠，「於是我決定回歸傳統，在傳統當中置入新元素。」例如，用選舉補助款搭棚邀請里民們一起吃飯、相招里民一起支持本土電影。

擔任里長任內，令詹晉鑒印象深刻的事情？「有一個傍晚，有一位大概六十多歲的阿姨憂心忡忡地跑進我們辦公室來，請我們幫忙尋找她失智的父親。」他們仔細詢問後，才得知她的父親被哥哥送進臺大醫院治療後，卻因糾紛而拒絕其他的家屬去探視他爸爸。「在個資法的保護下，這位阿姨心急如焚，著急得不得了，她想見父親一面真是難如登天。」

身為律師的詹晉鑒知道，即使出示親屬關係的證明，仍會因為一紙「謝絕探望書」而被拒於千里之外。「我當時看著她，決定用最『志氣』的方法挺她：樓再高，我陪妳一層一層爬！」他告訴那位阿姨：「再多的病房，咱們一間一間找，誰都無法阻擋妳想看父親的心！」終於，阿姨和她的父親終於見到面，艱難的任務終究達成。

經過和里民這樣的「革命情感」，雖然那位阿姨是「深藍中九點二中的九點二」，她的好友也會有人義憤填膺地指罵詹晉鑒說，「沒想到咱萬興里竟出了這麼綠的不肖份子！」但那位阿姨總會出面為他說話：「他還好，他不是那樣激進的人。」對此，詹晉鑒說：「誰是真正投給他的選民已不再重要，他緊握的是『同住一里、走投無路下、每雙向他求援的無助的手』。」

給青政者的從政建言

相較於專業的知識和背景，詹晉鑒認為「雙心」才是青年從政者的「標準配備」，「第一是耐心、第二是同理心。」二者中，他特別看重同理心，「惟有同理心才能拉近人跟人的距離，真實感受民眾的需求。」他以美國的選舉為例子：「選民首重的是參選人的家庭概念，例如歐巴馬，還有『有運動習慣』的人更好，第二才是豐富的經歷。」

政治人物若曾有過實務工作經驗、生活過「尋常的生活」——愛運動、帶小孩、養寵物等等，又與不同背景的另一半結婚，在家庭中彼此砥礪，懂得體察周遭的需求，「這是社會大眾一般人的生活經驗，那麼去貼近它、感受它並且能夠瞭解它，這就是所謂的同理心。」他補充，「參選人致力於營造出一個美滿家庭的形象，就是因為他們瞭解，這其實是選民投射出的想望——希望自己是平凡生活的擁有者，所以也希望參選人和他們一樣。」

謙稱「人生上半場都在遊戲人間、唸書七零八落」的詹晉鑒，「選擇從政」讓他確切明白考上律師的必要性，也同時渴望和女友建立一個屬於自己的小家庭，他認為政治人物若沒有賺錢的能力，但能有本業當作後盾，在生活中無後顧之憂時，「這樣更能抵擋外界五花八門的誘惑！因為你的實力雄厚時，那把『心中的尺』的界線，便不會輕易挪移。」

許多有志於從政的人，在年輕時以「助理」工作做起，「想要贏得提拔人的信任，就得用青春做交換，這是一場豪賭，因為也是把自身的生涯遠景壓在你跟的老闆的前途上！」詹晉鑒直言，「較安穩的作法是先像他一樣考上律師」，但是代價就是「錯過年輕人較易信任人的黃金時刻」，他也強調，「在目前藍綠結構的僵化下，已今非昔比『那個阿扁崛起的大時代』，民眾期待無黨無派者來打破固化的政治環境。」他個人也認為，「關心政治未必就得走上從政之路，但關心腳下這片土地，卻是你我都做得到的。」

詹晉鑒不諱言指出，他的優勢就是「很像國民黨」，「我在選後才開始學臺語，不到兩年我就能與里民們用臺語侃侃而談。有考過托福的人就知道，只要拿『突破 speaking』那種痛苦的耐力拿來學臺語，自然而然就可以學會了，」他也宣布自己下一步的規劃，「學習客語是我接下來的目標。」就從影響周遭的人開始，甚至是從自己選擇閱讀的書籍開始，詹晉鑒看著他列於牆上成排的書籍，包括臺灣史、各國元勛的傳記、回憶錄等等，他特別推薦王育德《臺灣：苦悶的歷史》，「這本書可以讓別人了解我為什麼『由藍轉綠』，因為這本書可以凝聚臺灣人的共識。」他有感而發，「因為大家都是走在同道上的朋友！」

由內而外更新再升級，在不停地進化中，詹晉鑒溫暖而堅定地影響周遭，從而改變了眾人所處的環境。成功絕非偶然，望向牆上的字畫更瞭然於心，一切都是「天道酬勤」。

註釋：

詹晉鑒順利連任（三，二〇五票；得票率七十五・二七％）。

走入地方，用溫度延展理念

——洪慈庸（立法委員）

撰文者／林淑靜

洪慈庸，一九八二年生，高雄第一科技大學行銷與流通管理學系畢業，現任臺中市第三選區區域立委。二〇一六年首次進入政府體制任職，曾任GfK捷孚凱行銷研究顧問公司零售通路服務專員、遠綠科技公司專案經理、洪仲丘事件洪家對外代表、臺灣青年基金會副執行長。

「洪仲丘事件、國防部、軍審法、素人、時代力量、區域立委」，這是我透過新聞媒體對洪慈庸所下的關鍵詞彙。透過面對面的訪談，對她有了新的見解，洪慈庸展現親和力，言談中傳達實踐城市設計的理念。透過這次的採訪，讓人見識到她並不僅只有外界貼的那些標籤——「那麼不懂政治」。

二〇一三年七月，廿四歲的義務役士官洪仲丘在禁閉室期間，遭受不當操練致死案，激起全國人民的義憤、喚醒臺灣公民的意識，進而推動陳腐潰爛的軍審法改革，是為臺灣國軍人權的一大進步。在事件裡的洪慈庸，是受害者家屬——一位為弟弟四處奔走，被迫面對鏡頭、強忍悲愴的「洪大姐」，她以堅毅、沉穩並冷靜的態度，應對著各級政府官員，讓不少臺灣人民為之動容；五年後的洪慈庸成為一名立法委員，她在立法院的辦公室仍懸掛著當年廿五萬人在凱道送行洪仲丘的照片，「那不僅僅是臺灣人民對洪仲丘的弔念，更是臺灣歷史的一刻印記。」

經歷過寒霜的悲痛，脫去黑框眼鏡、口罩及馬尾，此時的她，略施脂粉，也亮麗許多，精幹卻不失優雅，以自身遭遇的經驗投身政治，面對求助的民眾更懂得以同理心相伴，用她的親和暖意給予協助，為政壇注入一股柔性的力量。

贏了才是奇蹟

洪慈庸從政啟蒙的前路走來崎嶇波折，如外界所知，洪慈庸的政治起點是弟弟「洪仲丘事件」。在事件之前，她是一般白領上班族，日復一日、朝九「晚九」的生活，將所有精力貢獻給工作，對於政治並未有太多的關心。「我頂多看看新聞、瞭解時事，所以現在會成為臺灣政治工作者，對當時的我而言是那麼的遙遠。會跟政治有一些接觸，是從弟弟的案件開始的，如果要說『是誰讓我往這個路上走的話，應該就是我們的那些公益律師，他們現在都還一直在做這件事，就是因為他們，讓我感受到，其實有很多事情需要我們一起去投入，一起去關心的。」她感激的說。

事件發生後，洪家立即湧入了許多社會暖流，經東吳大學法律系副教授胡博硯老師引薦，「我認識了顧立雄律師及幾位專助弱勢、冤獄案的公益律師，有邱顯智律師、劉繼蔚律師、李宣毅律師，陪伴我們洪家走過那段推翻軍事審判制度的黑暗期，成為我們背後最有力的後

・洪慈庸以自身遭遇的經驗投身政治，服務人群。（圖片提供：洪慈庸）

盾。」他們也是另一群人的支柱，被社會淡忘而絕望的臥軌關廠工人、冤獄案的鄭性澤，推翻、平反不公不義的一切，為雨中的人們撐傘，「看著這幾位公益律師奔走各種不同的個案，我認知到『黑暗不只覆蓋著我們一家，社會還有許多角落必須被看見』，因而改變了我的觀點，也改變了我的人生觀，慢慢轉變了方向，最後踏入政治之路。」

政治人首要的任務是「讓選民理解自己的政治理念」，「目前的媒體環境雖有多方觀點，但卻充斥著諸多風向，如何穿透媒體、確認選民聽見、看見參選人呈現的理念與價值，就必須走入地方，以最直接的方式面對選民。」確定參選的那一刻，不懂政治的洪慈庸抱著一股「想改變臺灣政治環境」的企圖，決意投身政壇。除了面對外界質疑的聲音，洪慈庸的內心也有許多的拉扯，不斷檢視著自己。

「有掙扎、有抗拒、有遲疑，」面對無法預期的未來，想著接下來的人生又會成為什麼樣子？「壓力不是一般人可以想像的，我希望能夠改變一些事情，而且是快速改變，我希望臺灣有另一個政黨，良性的競爭，而不是藍綠兩黨這樣鬥來鬥去。」

參選期間，讓洪慈庸最「驚奇」的一件事就是「追垃圾車」。「大多的選民是上班族，不會有太多時間認識參選人，要跟他們接觸就必須從他們的日常生活開始，所以倒垃圾這個時間和場域也成了我與選民接觸的方法之一。」她也分享，「參選人必須因應不同身分、年齡、觀點的選民『換語境』去輸出自己的理念。」這樣的改變對當初初入政治圈的她，不僅需要時間適應，連已經成為立委的她，也都是仍在學習的課題。

二〇一六年一月，洪慈庸以九萬三千四百五十一票擊敗連任多屆的國民黨對手，正式當選臺中市第三選區（后里區、神岡區、大雅區、潭子區）立委。時代力量除了洪慈庸當選，還有高潞·以用·巴魕剌、徐永明、林昶佐和黃國昌，時代力量以初試啼聲的新政黨之姿在國會獲得五個席次，成為僅次於民進黨與國民黨的第三勢力，並成立立法院黨團。回顧一切，「沒有贏是正常的，贏了才是奇蹟！那段時間我沒有想太多，所以宣布當選的那時候，我心情是滿平靜的，只是回去之後心裡想『接下來』呢？」

走入體制內

立委的工作日程有什麼？「立法院休會期間，時間大多是臺北與選區兩地跑。」至於「地方行程」，她苦笑著說，「中元普渡令我印象最深刻，那是一年當中最恐怖跟可怕的節慶！因為太熱了，每一場都要去拜拜，還要配合地方宮廟的慶典，同仁吃到都有『職業傷害』，每個人都說血脂過高，他們選舉到現在至少胖了十公斤。」她細數。

「地方行程大概就是宮廟、社團、學校這幾種，這些單位只要邀請，若我們時間允許的話就

· 洪慈庸的政治理念均以民眾所需的角度出發。（圖片提供：洪慈庸）

盡量出席，因為這些都是組織票，他們對妳的評價就會渲染，他們也不會管妳做了什麼事情，那只是一種感覺，一種『妳到底有沒有很認真在跑，有沒有很認真、很重視這個工作，有沒有重視他們』的感覺？所以時間若可以配合，我就盡可能會參與，若我不行就是同仁代表，但是地方還是希望可以看到本人。」

法定立委的月薪是十九萬零五百元，一年個人所得包含薪資、年終、體檢、文康活動費約為二百五十萬元，辦公室的維持費用更達七百六十萬元，因此一位立委每年的辦公費用高達一千萬元以上，「這不僅僅是政治工作者要有覺知，就連民眾都應當反思及調整檢視的角度。一個立法委員應該要在國會好好問政，那是一個理想的模式，可是像我們目前的選區，還沒有辦法達到這樣的理想模式，我們只能盡可能將比重調到選民能夠接受的那個狀態。」

洪慈庸談到地方選民評核政治人物的標準，「不是我在法規上的推動，而是宮廟、紅白帖場、中元普渡、地方活動等跑攤行程，所以想在地方上突破舊習潛規，這必須要用時間來改變。面對當初的理想，「跑攤還是會做，但『量』會減低。我嘗試用新的方式讓選民們瞭解，跑攤並不是立委該著重的項目，而是把更多精力，用在問政及地方服務。」

在實務面上，區域立委與不分區立委投入議題的時間比重是有差距的。不分區立委有更多心思，專注在政策議題、質詢，或是弊案追蹤；區域立委，就必須兼顧選民服務，跑攤行程。換個角度思考，區域立委有處理地方事務的必要性，民意的接觸是

・洪慈庸希望臺灣政黨有良性的競爭，而不是鬥來鬥去。（圖片提供：洪慈庸）

重要的媒介，將民意帶到立法院來，傳達民意的基礎，是立委責無旁貸的義務。而洪慈庸所屬的選區屬舊縣區，選民多為上了年紀的長者，在溝通上該如何讓老人家理解，並讓年輕選民有感，達到共識與見解，就需要從民眾即刻能感受到的政策去著手，達到真正的深入民間，了解民意。

一名區域型立委

洪慈庸：「從過去到現在處理了很多的案子，之前也有處理過被檢調檢查冤枉的，或是陳建國的案件，他也是求助無門，我們可以做的也不多，但是我們就陪著他，去監察院陳情，然後讓監察院調查、彈劾這些事，我們能做得不多，但是只要有類似的事情找我們，我們一定會很積極協助，能夠想辦法就會去想辦法，能夠做就做，軍中案件當然不用講，有在軍中受到不平對待的人都會來找我們。」從政兩年間，洪慈庸的辦公室已處理兩、三百件民眾案件，當接收民意需求後，她會做過濾、轉介並消化問題，達到需求整合效力的功效，再篩選有實質推動意義的議題到立法院推動法案或轉由政府單位處理。她笑著說，「有些民眾遇到問題時，不知道要打市政府一九九九專線，有的會直接到我們服務處尋求建議，」她認為服務處更像一九九九的「實體店面」。

政策推動與民眾案件的處理，不可能單靠一己之力達成，也需靠「幕後政治工作者」協助，「在幕僚人力的編制上，我們在國會辦公室有五位，臺中辦公室有七位，這十二位幕僚平均年齡落在三十歲，協助我處理政務上的大小事。」洪慈庸補充，「臺中辦公室的夥伴協力區域地方的服務，而臺北國會辦公室的夥伴則固定於每週五開會，排出下週議程，就關注的議題進行討論，舉辦公聽會、座談會或是記者會等，盡量讓幕僚發揮專長並提出想法與建議，達成共識，進而進入執行端。」

在政策的推動上，洪慈庸闡明她的理念，「以民眾所需的角度出發！現在年輕人重視的托育、居住，還有一些社會福利、教育等，這都是我們這一代年輕人，生活上會遇得到、民眾相對是有感的的事情。如果能在某一項政策上面真的去推動，讓他們可以減輕生活負擔，或是讓他們覺得國家是有希望的，那就是我們應該要做的事情，這些也都在回應年輕人對時代力量的期待。」

洪慈庸任內已推動兩項政策，一是撤換地方水管，二是托育補助回饋父母，「以共好的方式回應選民的需求，」洪慈庸說，「民生的福利是真的有留意，且幫人民爭取，這些都是選民很重視的事務，每個月三千元托育補助，對父母親本身來說不無小補。」她提到，「有時候我們在講兩岸或其他事情，他們會比較無感，所以我們一定要做一些真正讓他們有感受的事情。」她相信這樣的循序漸進會有溝通和成果，「民眾會看見，也能脫去舊有的成規！」

・洪慈庸擁有一顆熱忱且不怕挫折的心！（圖片提供：洪慈庸）

除了上述的各項政策，立委也必須同時面對分歧的聲音，例如：群體議題，勞基法、空污問題等，「譬如勞基法，我們很希望每個人、每個禮拜都能休息兩天，政府也可以強制立法實施，但是回到地方，看到那些小型工廠，老闆不是大資本家，也很辛苦，他們會說他們的困難是什麼？例如他們需要彈性，如果對方是明理的人，我會試著跟他溝通，但是遇到不明理的人或是很強勢的人，要講一例一休政策，對方是不願意溝通的。」洪慈庸頓了頓，「遇到那樣的老闆，我就會比較收斂，盡可能去說明，或許對方一時想不通，但可能有一天他會想通，所以我也會透過這種互動去做交流。」

面對空污問題，洪慈庸分析，「臺中與高雄的空污問題並不相同，工業排放量並不是臺中空污的主因，因為臺中的主要工業並不是重工業，而是精密機械。以產業來說，臺中企業所產生的污染，並不像南部那麼嚴重，相對來說，火力發電廠與境外污染才是原罪，其中又與臺中地形有關——沒有風的助力，PM二點五就被困在臺中無法擴散出去，但只要起風，天空就會恢復湛藍，所以火力發電廠這幾年降載、設備改善，更推動了《空氣污染防制法》，對於固定、移動污染源嚴加政策，但地理條件的限制無法將境外污染隔離，當民眾打開窗戶就是灰濛濛一片時，要怎麼樣要讓他們深刻有感？」洪慈庸坦言，「這是政府目前面臨的一大困境。」

「部分政治人物面對空氣品質治理的出發點，不是為了環境與民眾的健康，而是將它當成一種選舉鬥爭的工具。」她也認為，選舉時期，人們對於議題沒有深入研究，不願持續關心，僅僅將空污議題視為一項武器，這部分讓她對於臺灣的政治生態感到相當無奈，「如果民眾不了解立法過程及內容，媒體也無意深入探究，便容易淪為有心人士操弄的工具，同時也成為政府推動政策的一大阻力。」

熱誠很重要

從私人企業轉換跑道到公部門，洪慈庸認為兩者最大的差異在「目標」：「私人企業有著明確的目標執行，就是盈利，業績影響公司的營運，在風險控管上有一個具體的基準。」但身處公部門體系，「一切變得複雜難以推動，往往民間一個禮拜能夠解決的程序，來到公務體制就可能需要數年。」面對這樣的變化，「適應還需要一些時間，尤其是適應政府單位中間的煩冗過程，只能不厭其煩，公務體系有時候像個鐵板，有時候會覺得很難去推動。」

從政期間，她認為「背景」並不重要，「最重要的是擁有熱忱且不怕挫折的心！因為過程裡會遇上各式的挫折，若沒有熱忱來支持自己繼續往下走，一切將難以維繫。」她也認為口條很重要，「也就是溝通協調能力，面對來自四面八方、不同文化差異的民眾或黨團，要如何溝通交流，輸出自己的理念且確定對方全然理解，甚至進一步加以說服，這些都是政治工作者必備的技能與前提。」她提醒想參政的青年，「為民服務光有熱忱還不夠，專業知識是更有力的奧援。」

「對於國家運作需要有一定的了解與法律基本知識，只要發現自己對這個社會的改造工程具有熱忱，我也鼓勵年輕朋友多嘗試，不見得要投入選舉，還有很多幕僚工作或是推動的工作，都鼓勵想參與政治工作的年輕人參與！」對未來的期待，「大家是在於一個基礎，理性的基礎底下去討論政策，而不是『為了反對去反對』，一個『真正的、本土的、年輕的政黨』跟過去沒有糾結，也沒有受到任何人的控制，這就是年輕人可以發揮的，」洪慈庸感嘆，「雖然很辛苦，到現在還是覺得非常辛苦，但不管回到立法院工作或是回到地方，就是要有人去做這件事，因為如果沒有人去做，大家期待的事情就不會發生！」◆

「義」氣用事的原住民立委

——高潞・以用・巴魕剌（立法委員）

撰文者／余思賢

高潞・以用・巴魕剌，一九七七年生，世新大學新聞學系畢、世新大學法律學研究所碩士班、臺北教育大學文教法律研究所碩士班，現任時代力量不分區立委，二〇一六年首次進入政府體制任職，曾任原住民族電視臺記者及主持人、守望部落協會理事長、臺灣原住民族政策協會理事、小米穗原住民族文化基金會董事兼執行長、二〇一四年花蓮縣議會第六選區縣議員參選人。

在訪談之前，我和高潞・以用過去素未謀面。這位時代力量的不分區立法委員，談話瀟灑，訪談時邊嚼著口香糖，和媒體上青澀的國會質詢畫面不盡相同，還蠻符合外人稱她為「俠女」的形象。

轉身從政的「義憤」記者

高潞・以用在進入政治圈前有豐富的媒體經歷，「身為原住民族，當記者時我就非常關注原住民的權益。」她自述從政的導火線是「愛狗樂園開發案」，「那時花蓮縣長傅崐萁想興建大型的流浪狗收容所，但用地侵占了馬太鞍和太巴塱部落。」位於花蓮光復鄉的馬太鞍濕地是一處湧泉不絕的天然沼澤，孕育出豐富的鳥類、蛙類、底棲性魚類等多樣化自然生態；而太巴塱部落在阿美族語是螃蟹的意思，因此處處可見生動的木雕螃蟹圖騰，太巴塱部落不僅保留阿美族傳統家屋、部落刀槍、酒皿等文物，而且還是全臺唯一生產紅糯米的產地，但最重要的，這恰好是高潞・以用的家鄉。

「我在採訪時，剛好有兩位老人家在耕作，因為那塊土地是他們的阿公留給他們的，雖然有申請原住民保留地，但是我發現沒有人要幫他們，像地方上的縣議員、原住民縣議員都是幫著傅崐萁，都是要請他們兩個老人離開的。」高潞・以用當時的身分是記者，「我持續關心這個

·高潞·以用在進入政治圈前有豐富的媒體經歷。（攝影：楊盛安）

案子，農委會原本沒有通過這項興辦事業，所以我以為阻擋成功，但花蓮縣政府不斷送件，「沒想到案子就這麼過了！」高潞．以用當時非常失望，因為她覺得身為記者，其實已經比一般族人更容易取得資訊，但她卻完全不知道花蓮縣政府竟然「偷偷」讓案子通過了。

「那時候剛好是三一八之後說要青年參政的時機，」在那樣的情形下，失望帶起的「義憤」燃起了高潞．以用競選的想法，「選上議員可以直接監督傅崐萁，不要讓他在花蓮縣為非作歹！」但參選的念頭來得急，「還不知道怎麼選舉」的她當時僅靠家族一步一腳印拜票，「差一點就當選！」

後來成為時代力量不分區立委的推薦名

單，也是意料外的插曲。「原先林昶佐屬意找一名夥伴參選，而我是當時的陪同者，」當時那位夥伴沒有答應。直到十個月後，林昶佐轉而親自登門拜訪高潞・以用，遊說了許久，她才終於同意出任時代力量不分區立委。

直到目前為止，有甚麼參政心得？「第一階段的時候，我以為身為立法委員就是要跟記者一樣針砭時事，或把社會議題翻出來。但是到了第二階段，也就是兩年後的現在，我覺得提醒政府哪邊需要改善？其實是可以提出具體計畫。」

高潞・以用認為除了對社會議題的關心，身為立法委員必須更瞭解整個官僚體系的運作，很多時候「硬碰硬」不會得到結果，「反而需要瞭解行政官員與掌握時機，用圓滑的方式取得行政者對政策的認同。」

高潞・以用自述推動民族實驗教育的過程，是讓她「特別有成就感」的案例，「當時，原民會曾出資推動第三學期制的部落學校，雖然鼓勵部落利用寒暑假時間，讓學生學習部落文化，但是這一種課外學習會產生額外學習的負擔，有些家長甚至擔心會影響孩子的『正規』課業……」於是高潞・以用提出「為什麼部落文化不能跟我們的國民教育合在一起」的質疑，並強調這門課應該要受到教育部承認，「比如說，要讓蘭嶼學童去學數學、學高度，課本一直在講一〇一大樓，孩子不懂，因為他們沒有聽過、也沒看過一〇一大樓，不知道一〇一大樓多高，可是就被規定要透過這種方式去學習。」深知透過和生活環境相近的學習方式會帶來更好的學習成效的高潞．以用說，「部落為什麼要一個捨近求遠的教育？」於是在專業教育的背景下，她提出「可以用蘭嶼的海洋知識去學習更多的生態智慧」的方法，並強調「臺灣需將原住民文化教育和體制內的國民教育，進行整合！」

後來實驗教育三法通過，部分學者開始討論「將部落文化透過實驗教育變成民族教育」的可能性，儘管當時高潞．以用對執政的國民黨不滿，卻仍趁此機會說服當時的教育部長吳思華，請他親自走訪部落學校。

「他到屏東參觀地磨兒小學，非常肯定這種『學生透過母體文化』教學的效果。」高潞．以用說：「聽說當時吳部長交代部屬，卸任前他必全力推行民族實驗教育，這是他離開前唯一有意義的事情。」高潞．以用這樣認為。如今，繼任者潘文忠部長也全力支持民族實驗教育，因此許多學校終於有機會用自己族群的方式去編寫教材，讓孩子結合自己的文化去學習主流教育的知識，「目前我仍繼續推動原住民科學教育，例如：怎麼製作陷阱、運用草藥或用追蹤獸跡去狩獵，讓學生一邊學習科學、一邊學習文化。」原來穿針引線的不僅止於政治手腕的運作，同時也呈現事前專業知識的重要性。

掌控的資訊愈多，判斷就會愈準確

高潞・以用說：「理想抱負是推動自己進到政治最主要的動力。這個理想不要變，它就永遠是你的中心思想」實踐理想需要策略，成功的策略依靠資訊的掌握，「這兩年學的，看得太多了，有時候會覺得資訊的掌握更重要。」

高潞・以用提到「守護石梯坪土地」，「其一抗爭行動被稱為『封冰箱』——要『封住豐濱鄉』的路。」那時兩個地號中有些部落老人已抗爭長達三十年，讓東部海岸國家風景區管理處有所退讓，但也提出「土地由部落和東管處共管」的建議。高潞・以用和部落青年原本的希望是「要繼續堅持取回土地」，但青年卻回報說：「老人家說他們累了，可以先在那一塊土地上耕作就好了。」

・高潞・以用在經委會質詢畫面。（圖片提供：高潞・以用）

這個問題在於「因為抗爭需要時間和體力，但老人家因疲憊而妥協」，讓高潞．以用重新回頭思考，如果每一次的抗爭有更多的訊息，就可能可以避免類似這樣的妥協發生，「比如這條抗爭之路，中央的態度有多硬、或是中央願意在哪個地方妥協？或是說，找這個人對不對？」之類的資訊，「這樣應該可以有更滿意的結果。」除此之外，她也有所學習，「將資源一次最大化地就投入，那麼長期下來，抗爭將難以持續。」

「如果時間移到現在，我就會說『整個策略要放得更清楚』。每一步行動都要接在一起，不要讓族人每一次抗爭都要上臺北、不要讓老人家一直舟車勞頓，如果可以號召臺北部落青年開記者會，那就要去做這樣『低成本、效果大』的事。』因此，高潞．以用覺得，「掌控的資訊愈多，策略的判斷就會愈準確，耗費的成本就會越低。」從掌握的資訊規劃每次政治行動的成本，由全盤的視角打好每一次階段性的戰爭，是高潞．以用目前的從政心得，也是想給後進的建議。

從政的困境

然而，這些政治智慧並非萬靈丹，高潞．以用身居小黨又為少數民族爭取權益，從政之路自然免不了挫折，「有件事是讓我非常生氣的，就是我們傳統領域的劃設。」高潞．以用提到原住民族基本法第廿一條對傳統領域的劃設，原本是包括公有與私有土地，但是二〇一六年卻因政務委員張景森的介入而變卦——「把原住民的私有土地排除在傳統領域之外」。高潞・以用忿忿不平地說：「原民會屈服在張景森底下，捍衛了這樣一個扭曲的價值，造成我們的原漢撕裂。」這件事直接衝擊到她的核心理念。

「我當然不願放過修正的機會。因為《原住民基本法》與《聯合國原住民族權利宣言》接軌，是很進步的法律，其中第廿一條就是立基於『尊重在地的主人』，因為過去原住民族很弱勢，在未獲告知的情況下土地被強行開發，結果土地沒了、環境被破壞了、生存條件也被影響、文化也沒了！翻開國際史上有許多悲慘的例子，都需要被平反與恢復正義，這是《原住民基本法》乃至聯合國原住民權利宣言的基本精神。可是到了臺灣，大家為了各自的利益，

・內政委員會邀請原住民族委員會率同所屬列席報告業務概況並備質詢。
（圖片提供：高潞・以用）

‧高潞‧以用和美國原住民族朋友。（圖片提供：高潞‧以用）

就把裡面的精神都毀掉了！」

在高潞‧以用的眼裡，原住民族委員會身為臺灣原住民族最高的行政主管機關，理當守護《原住民基本法》的精神，但她進而提到，「二〇一八年，邵族公告傳統領域的爭議，當時邵族的抗爭也是因為扭曲《原住民基本法》而起的。令我驚訝的是，原住民族委員會主委夷將‧拔路兒卻到部落去要求族人『不要開記者會』，這樣的舉動讓我無法接受！」高潞‧以用認為，原本應該站在最前線捍衛原住民權益的機關竟「反其道而行」。

「至今，我還沒辦法去克服這個難關，也沒有進一步與他們溝通，我不認為這是什麼政治結構的問題，最主要是主委個人的操守問題。」對此，高潞‧以用說了很重的話，「因為戀棧權位，所以才妥協。」

當問題指向另一個政治人物的個人操守時，高潞．以用的策略似乎就打了結。這可以對比她提到另一個成功溝通的事件。

另一個例子是推動野生動物保育法廿一之一條——「臺灣原住民族基於其傳統文化、祭儀，而有獵捕、宰殺或利用野生動物之必要者，不受第十七條第一項、第十八條第一項及第十九條第一項各款規定之限制。」但其中推動的過程中也造成與動物保育團體的衝突。「我花很多時間去說服動保團體，讓法條的版本落在他們可接受的範圍內。所以很多時候，我們可以靠清楚透明且公開的說明，讓反對者瞭解立場。」

不管是野生動物保育法的事件，或是前述推動民族實驗教育的案例，高潞．以用都能在其中找到施力點，前提是先察覺對方關注社會整體利益的利基點，然而她在與原民會衝突時卻找不到這個切入點。

有趣的是，早在高潞．以用從政之前，就曾經參與反抗原民會前任主委提出的原住民族自治法，認為「那根本就欺負我們」。長久的交手經驗，自然累積高潞．以用對原民會的認識，我們雖無法斷定高潞．以用對原民會的判斷是否客觀，但這是否代表從政青年很容易放棄、甚至排斥和從前體制外抗爭過的核心對象做政治溝通？這會加速或減慢政治改革？或許是我們該進一步思考的問題。

回到初心

高潞・以用從政後依舊不失掉她最初的感性初心，「我從頭到尾都不知道我在從政，我只知道我『不想要看到老人家掉眼淚。』因為我看見很多部落長者從年輕到老都被不公不義對待著，我阿公九十幾歲，土地的流失就等於是他的生命在流失，如果『現在』不起身幫他，那麼他生命流失的那一刻，他就抱著那個遺憾走了。」說到這裡，高潞・以用哽咽地說：「年輕人有責任要幫這些部落老人恢復正義！」

高潞・以用認為，原住民族土地被剝奪的狀況與一般迫遷的情況不同，「比如說大埔事件，大多數朋友會去幫忙這個單一的事件，因為大家理解大埔藥房是私有土地，自己的所有權被剝奪；可是原住民族的土地議題不一樣。」

「族人的土地一開始是先被國家拿走、被剝奪，一開始就是被迫害的一群，但卻還要『被迫接受』，但目前社會進步、愈來愈民主的進程中，人們開始對於過去有一些反思，就是族人找回自己土地的時候，」高潞・以用清楚地說明，「透過一些機制，取得自己的土地，居然還要經過重重的困難與抗爭。」

她認為「族人集體被傷害與壓迫，是已經被踩到底的感受。我每次看到願意站出來的受害者，都覺得他們好勇敢，比如說，愛狗樂園兩個老人家。」她強調自己一開始就宣示，表明「原住民跟臺灣是一種新夥伴關係——國中有國、國與國」的關係，也覺得未來不管是採獨立或自治，時代力量都是抱持支持的態度，「我希望原住民族轉型正義在這一代就能實現，但對於現在的政府沒那麼大的信心，只能要求自己持續為這個理念努力。」◆

行政院的安那其
——專訪唐鳳（行政院政務委員）

撰文者／巫彥德

唐鳳，一九八一年出生，自學教育、國中肄業，現任行政院政務委員。二〇一六年首次進入政府體制任職。曾任網際網路公司資訊人技術總監、自由軟體程式設計師、二〇一四年至二〇一五年擔任行政院虛擬世界法規調適計劃顧問。

唐鳳是PTT鄉民口中的傳奇人物——「小一解出聯立方程式、十三歲離開體制教育，開始自學、十六歲創立第一間網路公司，之後在矽谷連續創業，擔任過BenQ、Apple等公司顧問，同時也是程式語言開發社群 Haskell 語言與 Perl 6 語言的核心貢獻者。」

二〇一六年，行政院推行「亞洲矽谷計畫」時被某些人士批評，當時的行政院院長林全就委託唐鳳，協尋「熟悉科技與法律的人」來擔任政務委員，成為政府與民間新創產業間溝通的橋梁，但大多數人選都因為自身有事業而無法出任，最後才由當時才三十五歲的唐鳳接下此任務，也成為臺灣史上最年輕的一位政務委員。

對唐鳳來說，「參政是每一次討論的利益關係人，廣義來說，都可以算是參政。」她解釋，「如果你的改變理論（Theory of Change）可以號召或者動員足夠多的人，聽到之後令他的行為產生了改變，那你就發揮了實質的影響，即使你只是 PTT 的某個版主，但是你的權力可能不小於某一個議員。相較於我們習慣的代議政治，現在的方法是相當多元。」

五歲的政治啟蒙——進步是什麼

唐鳳自述五歲時，父母問她：「你要投中國國民黨或者是民主進步黨？」她反問：「民主『進步』，進步是什麼意思？」對她當時而言，她已經知道「國民」的意思，「國民這個詞有一個明確的定義，就是一個國家裡面的人民。「但是我不知道進步這個詞是什麼意義？家人跟我說，包含環境上、社會上，每一種方向都是進步，但是也沒有互相抵銷，也就是『都算』，這段話

・唐鳳讀小一時解出聯立方程式、十三歲離開體制教育。（圖片提供：唐鳳）

在她小小的心靈留下深刻的印象，「進步，是多元的，是各種方向的，每一種方向都是進步，但是也沒有互相抵銷，也就是都做，什麼是一百分已經不重要了，尤其當你的跑道已經不一樣的時候，若還要去算絕對值、去比較，這種比較已經喪失意義。」

在唐鳳十五歲時，發生了一個「以維護網路發表內容自由」為訴求的「藍絲帶運動」——當時因為她覺得網路是大家分享知識的地方，跟許多學者有非常多的交流，「當時整個網路的氣氛是彼此瞭解、學習的。」所以她決定「以不透過國民教育，而是透過網際網路直接跟研究者互相學習」的方式去學習知識。

唐鳳第一次看到網站之間因為「相同的理念」互相串連的事件是突然有許多網站變成黑底背景，抗議網路內容的審查，「這是自從有了 www 之後，第一個大規模保護網路言論自由的運動，當時在每一個網站上加上一小段程式碼，不同於傳統的政治動員遊行，至少須花費一天，現在只要五秒你就參與了這個社會運動！」

「藍絲帶運動之後，我發現三件重要的事，第一、他們彼此都沒有見過面，第二、這個抗爭是沒有國界的，第三、原來超連結可以是動員的工具。」之後，唐鳳開始花比較多力氣去瞭解「網際網路的政治是怎麼運作的？」也由於最近幾年跟聯合國或是其他主權國家，都是用一種類似主權對主權的方式來交流，顯示網路並不歸屬在任何一個主權政體之下，「網際網路不屬於任何一個主權。」她重申，「網路政治與傳統政治體系有根本上的不同，重點在於『多方利害關係人』的治理方式。」

「過去的代議政治因為人數多，傳達意見的時間成本較高，所以多需透過代議士進行，受限於代議士的人數與人有限的理性，大多數只能呈現雙方或是三方利害關係人的討論，但網路的出現大幅降低『意見傳達的時間成本』，許多人不需透過代議士便可直接傳達意見，讓許多過去因為時間成本過高的多方利害關係人的討論，有機會出現在網路上。」

網路時代的全新公共政策決策模式是「多方利益關係人治理模式」，「概念是，每個人都可以加入，成為網路的一部分，當有人覺得網路哪裡不夠好，那就可以在網路上提出一個請求，RFC（request for comments）就是我提出問題來徵求答案，看到這個 RFC 的人，有意願就自己試著解決問題。」

她解釋，「所以，假設網路上有一千個人，裡面只有三個人看了這一份RFC，並嘗試回答這個RFC，其他九百九十七人看到這三個人的答案後，發現這是一個好的解決方法，就會慢慢開始擴散；擴散到一個程度，彼此產生了衝突，大家就會聚在一起，透過公開的討論，討論如何往大家覺得更好的方向去做，這就是「多方利益關係人的治理」，誰也不能強迫誰的情況下，完全用一種無政府主義（Anarchism，安那其）式的方法去達到自願結合、產生共識的一套方法，「網際網路協會現在稱這樣的方式叫作協作式治理（collaborative governance），在這個過程中，我開始明白『網路』這個政治系統是怎麼運作的，以及『一個不命令任何人的領導』該怎麼執行任務這兩件事。」

無政府主義（安那其）需要代議士嗎？「我並不認為安那其就不需要代議士，而是要跟代議士合作，讓這個討論的過程，透過網路直播、網路擴散，讓他們的政策、專業被更多人看到，他們不需要搶五分鐘的時間去做秀。」唐鳳解釋。

「傳統的代議政治有其極限，找不到所有領域的代表，你很難找到『在家工作的代表』、『創新創業者的代表』，在現代化社會中，很多人沒有辦法『被代表』，但可以透過網路上的理念傳播，很快被組織起來，人民跟代議政體中間的距離並沒有變長，但網路組織運作非常快速，所以彼此之間的距離感覺變短了，因此網路愈發達的國家，愈不信任他們的政府。所以這個是『持守的安那其（Conservativism Anarchism）』，裡面『持守』，更進一步的意思是『脈絡』，跟代議士合作才能延續傳統的脈絡，而不是丟炸彈來產生脈絡斷裂的安那其。」唐鳳笑著說。

「透過『多方利益關係人治理模式』蒐集到一些粗略的共識，這一粗略的共識讓代議政治的品質因此而提高，同時代議政治在這一階段協助還不熟悉『多方利益關係人治理模式』的朋友們表達想法。讓不擅於使用網路的公民，也不會有被排除在外的感覺，兩個彼此互相加強，我們幫代議政治建立多一點正當性，因此回覆品質與速度變好了，而代議政治幫我們做到涵融。」這就是安那其的執行方式。

・唐鳳利用一個任何人都可以提問的網路平臺，由她親自公開回答問題。（圖片提供：唐鳳）

與行政院院長約定的三個條件

唐鳳在接任政務委員前，與行政院院長約定「三個公開的條件」，引起當時新聞媒體的一番討論；唐鳳擔任政務委員前的一個月，所有媒體提問與訪談邀約一概都拒絕，當時她利用一個任何人都可以提問的網路平臺，由她親自公開回答問題。她談到三個公開的條件，其一是「不出命令，也不接受命令」，就是「純粹只給出建議或接受建議，絕對不給出命令，也不接受命令，一切都要自願結合，因為這是我參政的核心價值——『持守的安那其』，就是不斷示範更好的解決方式，直到事務人員自願採用為止。」

唐鳳舉一個例子，當初她加入行政院之後提出的一個想法，就是建議把臺灣政府一千三百八十六個中長程計畫公開上網，變成每一個討論區，針對進度預算等執行細節，讓大家提出問題，而且由公務員來回答，「這個對於民主促進的價值，不會有人說這是壞事，但是確實各個部會在一開始都覺得多一個人來管考他們，事實上是多兩千三百萬人來管考他們，他們是會有疑慮的。」所以整整一年的時間，唐鳳並沒有強迫各部會，「因為我不下命令，所以就先把行政院自己管考的專案，六十幾個大的專案，先拿來試作一下。」

一年之後，承辦人員發現這反而是一個省力的作法，「因為以前要接四十通電話，每一通都在問類似的問題，承辦人員也心煩，服務品質自然就不好。但是當有這個公開討論版之後，大家google一下就找到了這個版，根本不用去問承辦人員，而且當公開回覆的時候，每一家媒體的材料都完全一樣，也不會衍生政治陰謀論的誤解。」

「所以到今年，所有的部會都自願把專案放上來，不管是治山防災計畫、食安網路計畫，社會住宅、公教體系、綠能雲端中心，這樣可以讓這個相關利益關係人自己集結起來，自己去做功課、關注同一件事，而且討論的品質也相當不錯。」

堅持不接受也不下達命令，將會有什麼代價？「當你不下命令、也不接受命令的時候，我們剛剛講的很多好處：不會陷入僭主政治（Tyranny）的模式中，但是這樣的作法跟目前主流的量化效益這件事是完全相對的概念，如果你問我效益是什麼？我會說『問卷顯示，二千三百萬人裡面，有接近五百萬人用我們的平臺，用過之後都覺得對公共政策更瞭解。』這樣的效益不能換算成新臺

· 唐鳳參政的核心價值是無政府組織（安那其）。（圖片提供：唐鳳）

幣，」她繼續補充，「人民對於公共政策的瞭解，價值多少新臺幣？沒有人有算法。」

「過去的公共政策都要評估效益去幫助決策，但我不接受命令也不下達命令，間接讓我不進入用新臺幣量化效益的政策程序，這讓我無法用過去政治參與熟悉的語言去解釋，如果要講哲學的話，就是這樣的作法與日本哲學家柄谷行人說的『掠奪與再分配』的交換模式是完全不一樣的，所以也無法用『掠奪與再分配』的語言去解釋，這是一種先天的限制。」

第二個條件是「所看到的一切都要公開」。過去按照政府資訊公開法，所有在擬稿階段的事情，就是在做出決議以前的事情，一般是不公開的；如果一個政府部門的科員，現在正在跟利益關係人討論，如果想公開，這個科員要先到股長、科長、處長，主秘、次長、部長，每一層都要說明對公共利益有必要性才能公開資訊，如果一件事可能會造成社會動盪，就要政治幕僚、秘書長、副院長及院長，最高可以到九層負責，除非有政治意志的介入，否則幾乎不可能公開。

「那時候我第二個條件就是，所看到的一切都要公開。而且我上面只有一層（行政院長），所以院長同意就同意了；當然我不是很暴力說，我主持的每一場會議都要直播，而是我主持的每一場會議都留下逐字紀錄。所以，在我的工作裡，首先，我不會知道國家機密，因為國家機密法說，只要這一套系統裡面混入了機密，整套系統的產出就變機密，所以我變成不能看國家機密，他們要演習的時候，我就請一天假，所以現在指揮所長什麼樣子，我不知道，別的政委

．唐鳳的 PDIS 團隊是分散式的團隊，大家都是準時下班。（攝影：楊盛安）

都知道，我就請假，所以國家機密我一無所悉。」

其次，我沒有辦法去進行傳統上在政治網路裡面所謂的「利益交換」，我能夠運行的權利都是network-making power，就是編織出一套網路的力量，把現有的網路透過某些協定，彼此對接的力量，」她笑著說，「這部分我做得很好，因為這是外交工作。」不能否認很多政治都是建立在這樣的利益交換上，而「資訊不對稱」是這樣利益交換的基礎，「所以想要這樣運作的人都不會來找我，所以我對這樣的政治也只有學理上的瞭解。」

第三個條件就是「在任何地方上班都算上班」。因為唐鳳是一個數位政委，所以法理上有一個數位工作區，任何公務員的工作只要跟網路有關，就不受工作地點與時間的限制。為了要建立一個「分散式的團隊」，唐鳳辦公室的組成是從行政院每個部會借調最多一個人過來，團隊的本質是部會的利益關係人團體，各有不同的專業與不同生命經驗，因為安那其的治理就是多方利益關係人模式。

「每一位新的同仁來的時候，我都會說：『以後考績自己打。』我們同仁可以作證，我絕對不會去管大家的考績。如果有專案要發起，也不要來找我，是要找其他的同仁去推坑（推薦自己喜好的事物），如果可以找到正確的利益關係人，你們就發起這個專案，沒有的話，對不起，就自己做。當然，如果任何需要政治意志的可以找我，但是如果需要具體事務性質的合作，大家就是自願結合。」

唐鳳稱其團隊為PDIS公共數位創新空間（Public Digital Innovation Space），就像臺灣政府的內部創新（internal startup），PDIS有三個共同創辦人：唐鳳、林書漾、黃子維，也就是由程式、設計與政治這三個元素組成。而唐鳳辦公室的組成是從每一個部會借調最多一人過來，所以本身的利益關係人來自每一個部會。「像現在外面處理許多行政作業的是財政部同仁，幫我們進行法制化、所有實驗，又馬上變成要點的是國家通訊傳播委員會的同仁，甚至本來幫我們跟其他政務委員去做一些溝通的是蒙藏會的同仁之類的。」唐鳳說。

分散式團隊對參政的限制

分散式的團隊在工作上有沒有限制？「整個辦公室就是分散式的團隊，我們不像傳統的團體或是軍隊，PDIS沒有向心力，也沒有離心力，就各自做各自的，碰巧合適就一起做一個專案，不合適就做別的專案。在這樣的情況下，因為彼此沒有共同的敵人，只有共同面對的挑戰，像污染、氣候變遷、民主退潮，大家共同迎接挑戰。」唐鳳認為缺點是「沒有辦法有假想敵、共同敵人，」因此在團體動力上，大部分的領導技術是不適用的，「我沒有辦法說大家一起為了打倒某個萬惡的東西，赴湯蹈火、萬死不辭。PDIS絕對沒有『赴湯蹈火』這四個字，大家都是準時下班。」

開放資料後，如何應對網路的群情激憤？「這是一個很重要的問題，我的想法不太一樣，我認為群情激憤是好的，因為凝聚社會的注意力。有一位哲學家瑪莎・努斯鮑姆（Martha C. Nussbaum），她有提到關於群情激憤可以走的三條路：第一、要復仇，第二、降低群情激憤者的合理性並排除他們，第三、我們怎麼樣設計出一個共同體的環境，引導大家往這個方向一起面對問題。」

唐鳳舉例，「像當時『報稅軟體難用到爆炸』的連署案，有百分之八十的朋友都是『要財政部長下臺』，多是羞辱式的回應，一成的朋友說，『用Windows報稅很順』，但是沒有什麼用，不具有正向的引導效果。當時開放政府聯絡人在三十幾個小時之內就跳出來，辦了一個工作坊，請所有那些罵得最兇的朋友一起討論『該如何改進』，不是罵了就有糖吃，而是邀到廚房、大家「一起做糖吃」。這樣的應變之後，風向馬上倒轉，八成的朋友開始提出建設性的意見。」

唐鳳做了一個結論，「群情激憤不是問題，問題是有沒有好的導流機制？」

兒時心室疾病成為參政優勢

唐鳳認為她的優勢是「先天性的心室中膈缺損」，為什麼說這個是優勢呢？「小時候有心臟病，我最早的記憶都是出入醫院，不斷做各種侵入式治療，醫生都是說，妳要撐到可以開刀的時候，不然就不能開刀了。後來，十二歲開刀之後，身體變好了，但是在那之前，任何激烈的情緒、運動，臉色發紫馬上就昏倒了。因為心臟問題讓我發展出自我調節的系統，心跳只要到一百上下，我自動就開始深呼吸來調節自己，因此就算對方是非常強烈的『貪嗔痴慢疑』，我都可以同理到一個程度，就是大概心臟跳到九十幾下的程度，但是不會再越過去，所以沒有辦法被激烈的動員，造成在政治工作上的優勢。」

她解釋，「當我們做多方利益關係人討論的時候，最重要的是要有能力去為每一邊講話，當你對一方有強烈的負面情緒，你就很難保持一個主持人的角色，你很難跑到那邊去講話，這個是人類認知功能上的一個先天限制，我就比較沒有這個限制，所以我比較容易進行『多方利害關係人』的討論。」

給未來青年參政者的建議

對於「給青年參政的建議」，唐鳳認真的說：「每一個人，在青年時代嶄新的科技，到了中年的時候就是習以為常的東西，所以重點並不是最新的技術，而是要在社會上帶到什麼方向、達到什麼共同價值、解決什麼社會問題。」她勉勵青年，「因為人是靠這個來彼此認識，而不是靠單一的技術，過度認同你永遠的技術，你就是工具人，到下一個世代來臨的時候，就會很失落，因為你的工具就沒有人用！」◆

註釋：

本篇唐鳳受訪逐字稿的連結網址。

謝詞

致謝

本書催生者　楊盛安

催生《青年入陣——十二位政治工作者群像錄》的起點，源於我長期參與公共事務領域的經歷，以及從事政治工作所看見的不完美。

首先，感謝社團法人慕哲人社理事長余思賢、本書作者群以及諸多社員的全力襄助。

感謝林雨蒼、陳光軒、張宏林、張庭瑜、鄭凱榕、鄭超睿以及賴世哲等人，協助聯繫部分採訪對象。

感謝李孟縈、李昀庭、吳孟容、林淑靜、施舜仁、黃佳平、鄭以琳、鄭婉婷、盧沛丞以及行政院政務委員唐鳳辦公室，繕打訪談逐字稿。

感謝李重志、董建宏、楊斯棓、鄭麗君撰寫推薦序；也感謝沈清楷、邱俊榮、張鐵志、劉進興、羅文嘉掛名推薦人。

感謝財團法人臺灣民主基金會、財團法人青平台基金會、慕哲政經塾第五期工作團隊與學員的關鍵支持，使籌畫與執行工作更加順利。

感謝張龍僑、傅星福、游毅然、劉璐娜與許多低調不願具名的夥伴、先進以及顧問的寶貴建議，拓展本書的視野。

最後，感謝身後默默陪伴的家人，在此人生階段給我智慧與能量，著手完成重要的事情。◆

撰文者簡歷（依內文篇名排序）

余思賢，一九七四年生，現任社團法人慕哲人社理事長、東吳大學社會工作學系兼任助理教授。

楊盛安，一九八〇年生，目前是宜蘭大學建築與永續規劃研究所研究生。

宋致誠，一九八八年生，目前是伊拉斯謨鹿特丹大學國際學院研究生。

郭姵辰，一九九三年生，現任平面插畫家。

許家綺，一九八三年生，現任立法委員邱志偉國會辦公室助理。

巫彥德，一九八九年生，現任人生百味股份有限公司組織營運。

盧沛丞，一九九七年生，目前就讀東吳大學社會工作學系。

魏琬玲，一九八〇年生，現任聯合報系寫作老師。

林淑靜，一九八八年生，現任行銷工作者。

封面設計者簡歷

朱冠蓁，一九八九年生，現任人生百味股份有限公司議題工作者、接案設計師。

Notes

NOTES

NOTES

Notes

心靈勵志系列

信心，是一把梯子（平裝）／施以諾／定價 210 元

WIN TEN 穩得勝的 10 種態度／黃友玲著、林東生攝影／定價 230 元

「信心，是一把梯子」有聲書：輯 1／施以諾著、裴健智朗讀／定價 199 元

內在三圍（軟精裝）／施以諾／定價 220 元

屬靈雞湯：68 篇豐富靈性的精彩好文／王樵一／定價 220 元

信仰，是最好的金湯匙／施以諾／定價 220 元

詩歌，是一種抗憂鬱劑／施以諾／定價 210 元

一切從信心開始／黎詩彥／定價 240 元

打開天堂學校的密碼／張輝道／定價 230 元

品格，是一把鑰匙／施以諾／定價 250 元

喜樂，是一帖良藥／施以諾／定價 250 元

TOUCH 系列

靈感無限／黃友玲／定價 160 元

寫作驚豔／施以諾／定價 160 元

望梅小史／陳詠／定價 220 元

映像蘭嶼：謝震隆攝影作品集／謝震隆／定價 360 元

打開奇蹟的一扇窗（中英對照繪本）／楊偉珊／定價 350 元

在團契裡／謝宇棻／定價 300 元

將夕陽載在杯中給我／陳詠／定價 220 元

螢火蟲的反抗／余杰／定價 390 元

你為什麼不睡覺：「挪亞方舟」繪本／盧崇真（圖）、鄭欣挺（文）／定價 300 元

刀尖上的中國／余杰／定價 420 元

我也走你的路：台灣民主地圖第二卷／余杰／定價 420 元

起初，是黑夜／梁家瑜／定價 220 元

太陽長腳了嗎？給寶貝的第一本童詩繪本／黃友玲（文）、黃崑育（圖）／定價 320 元
拆下肋骨當火炬：台灣民主地圖第三卷／余杰／定價 450 元
時間小史／陳詠／定價 220 元
正義的追尋：臺灣民主地圖第四卷／余杰／定價 420 元

LOGOS 系列

耶穌門徒生平的省思／施達雄／定價 180 元
大信若盲／殷穎／定價 230 元
活出天國八福／施達雄／定價 160 元
邁向成熟／施達雄／定價 220 元
活出信仰／施達雄／定價 200 元
耶穌就是福音／盧雲／定價 280 元
基督教文明論／王志勇／定價 420 元

主流人物系列

以愛領導的實踐家（絕版）／王樵一／定價 200 元
李提摩太的雄心報紙膽／施以諾／定價 150 元
以愛領導的德蕾莎修女／王樵一／定價 250 元
以愛制暴的人權鬥士：馬丁路德金恩博士／王樵一／定價 250 元
廉能政治的實踐家：陳定南傳／黃增添／定價 320 元

生命記錄系列

新造的人：從流淚谷到喜樂泉／藍復春口述，何曉東整理／定價 200 元
鹿溪的部落格：如鹿切慕溪水／鹿溪／定價 190 元
人是被光照的微塵：基督與生命系列訪談錄／余杰、阿信／定價 300 元
幸福到老／鹿溪／定價 250 元
從今時直到永遠／余杰、阿信／定價 300 元

經典系列

天路歷程（平裝）／約翰・班揚／定價 180 元

生活叢書

陪孩子一起成長（絕版）／翁麗玉／定價 200 元

好好愛她：已婚男士的性親密指南／Penner 博士夫婦／定價 260 元

教子有方／Sam and Geri Laing／定價 300 元

情人知己：合神心意的愛情與婚姻／Sam and Geri Laing／定價 260 元

學院叢書

愛、希望、生命／鄒國英策劃／定價 250 元

論太陽花的向陽性／莊信德、謝木水等／定價 300 元

淡水文化地景重構與博物館的誕生／殷寶寧／定價 320 元

中國研究叢書

統一就是奴役／劉曉波／定價 350 元

從六四到零八：劉曉波的人權路／劉曉波／定價 400 元

混世魔王毛澤東／劉曉波／定價 350 元

鐵窗後的自由／劉曉波／定價 350 元

卑賤的中國人／余杰／定價 400 元

納粹中國／余杰／定價 450 元

公民社會系列

蒂瑪小姐咖啡館／蒂瑪小姐咖啡館小編著／定價 250 元

公民社會系列　2

青年入陣：十二位政治工作者群像錄

作　　者：楊盛安、余思賢、宋致誠、郭姵辰、許家綺、巫彥德、盧沛丞、魏琬玲、林淑靜
審　　議：魏琬玲、余思賢、楊盛安
企　　劃：慕哲人社
社長暨總編輯：鄭超睿
編　　輯：李瑞娟
封面設計：朱冠蓁

出版發行：主流出版有限公司 Lordway Publishing Co. Ltd.
出 版 部：台北市南京東路五段123巷4弄24號2樓
電　　話：(0981) 302376
傳　　真：(02) 2761-3113
電子信箱：lord.way@msa.hinet.net
郵撥帳號：50027271
網　　址：http://mypaper.pchome.com.tw/news/lordway/

經　　銷：
紅螞蟻圖書有限公司
台北市內湖區舊宗路二段121巷19號
電話：(02) 2795-3656　　傳真：(02) 2795-4100

華宣出版有限公司
新北市中和區連城路236號3樓
電話：(02) 8228-1318　　傳真：(02) 2221-9445

2018年12月　初版1刷
書號：L1806
ISBN：978-986-96653-1-5（平裝）
Printed in Taiwan

國家圖書館出版品預行編目資料

青年入陣：十二位政治工作者群像錄 / 楊盛安作. -- 初版. -- 臺北市 : 主流, 2018.12
面；　公分. -- (公民社會系列 ; 2)

ISBN 978-986-96653-1-5（平裝）

1.臺灣政治　2.人物志

573.07　　　107021677